THE ROUTLEDGE
INTENSIVE
ITALIAN COURSE
WORKBOOK

Edited by
Anna Proudfoot
Tania Batelli-Kneale
Anna Di Stefano
Daniela Treveri Gennari

Routledge
Taylor & Francis Group

LONDON AND NEW YORK

First published 2004
by Routledge
2 Park Square, Milton Park, Abingdon, Oxon, OX14 4RN

Simultaneously published in the USA and Canada
by Routledge
711 Third Ave, New York, NY 10017

Routledge is an imprint of the Taylor & Francis Group, an informa business

© 2004 Anna Proudfoot, Tania Batelli-Kneale, Anna Di
Stefano and Daniela Treveri Gennari

Typeset in DIN and Rotis by
Florence Production Ltd, Stoodleigh, Devon

British Library Cataloguing in Publication Data
A catalogue record for this book is available from the British
Library

Library of Congress Cataloging in Publication Data
A catalogue record is not needed for this title as it is
expendable educational material

ISBN: 978-0-415-24079-6 (pbk)

CONTENTS ROUTLEDGE INTENSIVE ITALIAN COURSE WORKBOOK

INTRODUCTION

This workbook is intended for anyone who is interested in learning Italian, whatever the reason. It is aimed primarily at adult learners of the language.

The workbook has been devised for use in conjunction with the *Routledge Intensive Italian Course*. The units closely follow the topics and language structures of the course. However, this workbook can also be used on its own or with any other coursebook for consolidation and practice.

The workbook covers all the activities and functions normally explored by a beginners' syllabus, i.e. meeting people, making travel arrangements, etc., but it goes further, covering situations such as working, studying and renting an apartment in Italy, and including materials focused on the Italian media: cinema, television, the press and advertising.

In terms of grammar structures, the exercises contained in the workbook vary in level of difficulty, not only progressively through the book but also within the individual units, thus providing scope for a range of abilities and satisfying even the most demanding learners.

Flexible in its structure, the workbook offers a wide range of exercises from puzzles such as odd ones out, crosswords and anagrams, to more challenging activities based on articles and interviews. You can choose a vocabulary-based activity or a grammar drill, a language manipulation exercise or an up-to-date reading comprehension.

Because the book also contains an Answer Key, it will prove useful not only to tutors for consolidating specific points of grammar or focusing on a particular topic, but also to those students who want to practise the language through additional independent study.

Open-ended exercises have also been included to encourage learners to communicate more spontaneously, and to allow some autonomy and encourage creativity.

Additional materials and support for tutors are also available on the Routledge website.

ACKNOWLEDGEMENTS

We would like to thank our family and friends, colleagues and students for their support, especially those who gave advice in the preparation of this book. We'd also like to thank everyone at Routledge, especially Sophie Oliver, Suzanne Cousin and Sarah Butler for their help and infinite patience.

Permissions and copyright

Unit 1
Ciao, mi chiamo

■ ■ ■

Exercise 1 ▶▶ Supply the questions for the following answers.
Example: Si chiama Antonia? **Come si chiama?**

a. Sono Marco, e tu?   _Come ti chiami ?_
b. No, non siamo inglesi.   _Siete italiani?_
c. Sì, siamo italiane.   _Siete italiane ?_
d. Lui è americano.   _È americano, lui ?_
e. Io sono di Madrid.   _____

Exercise 2 ▶▶ Fill in the blanks with the correct form of *chiamarsi* or *essere*.
Example: Come ti _____? Come ti **chiami**?

a. Tu _____ Enzo?   _____
b. Charlotte _____ francese.   _____
c. No. Noi _____ Moira e Eleonora.   _____
d. _____ inglesi o americani, voi?   _____
e. Si _____ Simonetta.   _____

Exercise 3 ▶▶ Match each famous place with its description. One is done for you.

1. Un'alta torre francese.   a. Taj Mahal
2. Un grande museo spagnolo.   b. Carnaby Street
3. Una bella piazza italiana.   c. Tour Eiffel

4. Uno stupendo monumento indiano.   **d. The Empire State Building**
5. Una famosa strada inglese.   e. San Pietro
6. **Un magnifico edificio americano.**   f. El Prado

Exercise 4 ▶▶ Find twelve nationalities hidden in the grid. They may be placed horizontally, vertically or diagonally.

H	A	M	E	R	I	C	A	N	A
Z	T	P	M	O	Q	A	D	U	P
G	I	A	P	P	O	N	E	S	E
A	I	T	A	L	I	A	N	O	W
D	W	T	R	X	N	D	A	R	R
B	O	L	A	N	D	E	S	E	P
N	O	C	Y	I	I	S	Z	Z	A
I	C	X	C	N	A	E	L	Z	U
Q	S	P	A	G	N	O	L	I	X
D	E	H	S	L	O	W	Y	V	O
R	D	E	S	E	D	E	V	S	L
V	E	M	U	S	C	M	T	I	D
O	T	W	R	E	L	X	B	R	N

Exercise 5 ▶▶ Complete the statements by adding the appropriate nationalities.
Example: Carla e Angelo sono _____.   Carla e Angelo sono **italiani**.

a. Sean è _____.   _____
b. Mary è _____.   _____
c. Hans è _____.   _____
d. Carmen e Pablo sono _____.   _____
e. Antoinette è _____.   _____

Exercise 6 ▶▶ Put the following dialogue in order, starting with c.

a. George White. E Lei?
b. È italiano, vero?
c. Buongiorno. Come si chiama?
d. Molto piacere. Io mi chiamo Enzo, Enzo Pernice.
e. No, sono svizzero.

Exercise 7 ▶▶ Change the dialogue in Exercise 6 from the formal (*Lei*) to the informal (*tu*) style of address.

Exercise 8 ▶▶ Find the correct expression for each situation described below.

a. How would you greet an Italian friend?
b. What do you say when you have just been introduced to someone?
c. During the day how would you greet a new acquaintance?
d. How would you part formally from someone at any time of the day?
e. What would you say just before going to bed?

Exercise 9 ▶▶ Find the odd one out in each line. The first one is done for you.

a. tramezzino, spremuta, pasta, cornetto
b. aranciata, acqua minerale, tè, limonata
c. dolce, caldo, bollente, tiepido
d. colazione, pranzo, spuntino, cena
e. cioccolata, caffè, espresso, cappuccino

Exercise 10 ▶▶ Insert the missing number in each sequence.

a. due , _____, sei, otto
b. uno, _____, cinque, sette
c. nove + sei – _____ = dieci
d. uno + _____ = sette
e. _____ – due = sei

Exercise 11 ▶▶ Choose the correct indefinite article for each of the drinks below. Then insert one of the letters shown under that article in the box next to the drink. In the right order, the letters give the name of another famous Italian drink. The first one is done for you.

un' (a)	una	un	uno
o	n, l	l, m, c, l, o	i, e

a. _un_ analcolico ☐I☐   f. _____ amaro ☐
b. _____ Strega ☐   g. _____ stravecchio ☐
c. _____ Campari ☐   h. _____ Martini ☐
d. _____ acqua minerale ☐ i. _____ (birra) Nastro Azzurro ☐
e. _____ Sambuca ☐   j. _____ cognac ☐

Exercise 12 ▶▶ **Unscramble the anagrams of the adjectives below. The first letter is in place.**

Example: chiagacito　　**ghiacciato**

a.　dalco　　　　c_____

b.　altosa　　　 s_____

c.　cledo　　　　d_____

d.　telenblo　　 b_____

e.　fordde　　　 f_____

Exercise 13 ▶▶ **For each adjective you found in Exercise 12, choose all the foods and drinks it can apply to and change both nouns and adjectives into the plural.**

Example: ghiacciato **bibita ghiacciata – bibite ghiacciate, tè ghiacciato – tè ghiacciati**

Exercise 14 ▶▶ **Fill in the blanks in the following sentences.**

a.　_____ me una birra.

b.　Una bibita e _____ toast.

c.　_____ un caffè e una pasta.

d.　E per _____, Signore?

e.　_____ un tè, Mauro?

f.　E Lei, che cosa _____?

Exercise 15 ▶▶ **A group of friends is at a bar. Look at the menu and work out from their preferences described below what each is likely to order and how much each bill will be.**

BAR PARADISO

	Prezzi		Prezzi
Espresso	0,75	Pizzette	1,30
Cappuccino	1,30	Toast	1,80
Caffè freddo	1,00	Tramezzini	1,50
Tè freddo alla pesca/limone	1,00	Paste assortite	1,30
Gelati in coppa	1,80		
Bibite lattine	1,30		
Acqua naturale	0,75		
gassata	0,75		
Succhi di frutta	1,00		
Spremute	1,55		
Birra nazionale	2,00		
estera	2,50		
Superalcolici	2,00		

1. Pippo is thirsty and would like a fizzy drink. He is also very hungry and will eat two sandwiches.
2. Alessandro loves Italian beers. He always has two of these and a toasted sandwich.
3. Sergio adores ice creams, accompanied by freshly squeezed orange juice.

Exercise 16 ▶▶ Place the words below in the correct column.

cena   bar   signore   pasta   cioccolata   scontrino   caffè   toast spuntino   zabaglione   brioche   colazione   pranzo   tè

Plural in *i*	Plural in *e*	No change in the plural
_____	_____	_____
_____	_____	_____
_____	_____	_____
_____	_____	_____
_____	_____	_____

Unit 2
Amici e famiglia

Exercise 1 ►► Find the female equivalent of the following family members.
Example: Cognato   **cognata**

a. Cugino   _____
b. Figlio   _____
c. Fratello   _____
d. Genero   _____
e. Marito   _____

f. Nipote   _____
g. Nonno   _____
h. Padre   _____
i. Suocero   _____
j. Zio   _____

Exercise 2 ►► Solve the puzzles.
Example: È il fratello di mio padre.   **Mio zio.**

a. È la madre di mio padre.   _____
b. È anche lei figlia di mia madre.   _____
c. Sono i figli di mio fratello.   _____
d. È la sorella di mia madre.   _____
e. È il figlio di mio zio.   _____
f. Sono i genitori di mio padre.   _____

Exercise 3 ►► Complete the sentences by joining the two halves. The first one is done for you.

1. **Questa qui è**
2. Sì, mio padre è
3. Ho solo due
4. Mia zia è
5. Io sono più grande di
6. No, loro sono i

a. americano.
b. nonni materni.
c. **la mia sorella più piccola.**
d. cugini ma sono simpatici.
e. molto divertente.
f. mio fratello.

Exercise 4 ▶▶ Draw Elisabetta's family tree from her description below.

Mi chiamo Elisabetta e sono 'single'. Ho due sorelle più grandi. Mia sorella Marta è sposata e ha due figli, Sergio di cinque anni e Laura di due.

L'altra sorella si chiama Antonia, anche lei è sposata e ha una bambina, Miriam, di undici mesi.

Il marito di Marta, Ernesto, ha un fratello, Giorgio, e una sorella, Maria.

Aldo, invece, il marito di Antonia, è figlio unico.

Mio padre ha tre fratelli: Gabriele, Maurizio e Corrado; mia madre invece ha solo una sorella, Francesca.

Exercise 5 ▶▶ Read Elisabetta's description of her family tree again and answer the following questions in Italian, making full sentences.

a. Quanti fratelli e sorelle ha Elisabetta?   _____

b. Chi è Sergio?   _____

c. È sposata Elisabetta?   _____

d. Come si chiama il marito di Marta?   _____

e. Quanti figli ha Antonia?   _____

f. Come si chiama la madre di Elisabetta?   _____

g. Chi sono Gabriele, Maurizio e Corrado?   _____

h. Quanti anni ha Laura?   _____

i. Chi è Giorgio?   _____

j. Ha fratelli Aldo?   _____

Exercise 6 ▶▶ Fill in the blanks with the correct possessives, and then place them in the crossword grid. Placed in the right order, the letters entered already will give you the Italian word for *foreigner*.

1. Questo è mio fratello con _____ figlio.
2. Sì, è di Paolo e Angela. È il _____ cane.
3. Che sorpresa . . . Marco, Chiara! E i _____ bambini?
4. Tuo padre?!? Allora questa è _____ madre!
5. No, abbiamo solo una bambina. È la _____ prima figlia.
6. Ti presento i _____ genitori.

Exercise 7 ►► Match each adjective to the corresponding picture.

annoiato stanco contento stupido loquace

intelligente triste

Exercise 8 ►► Put the words below in order, to make complete sentences.

a. un metro e 60, calma, sono, abbastanza, snella, alta, e, simpatica
b. verdi, ha, di media statura, capelli, occhi, e, neri, è
c. serio, noioso, molto, fratello, mio, antipatico!, è, è, chiuso, e
d. bassa, con, grassa, ma, mia, capelli, nonna, i, e, dinamica, è, bianchi, molto, è
e. gemelli, capelli, sono, occhi, siamo, più, abbiamo, e, castani, ma, alto, biondi, io
f. l'altro, e, triste, due, è, loquace, stupido, fratelli, allegro, uno, sono, intelligente, è, pigro, sempre

Exercise 9 ▶▶ Find the odd one out in each line. The first one is done for you.

a. noioso, vario, monotono, ripetitivo
b. divertente, spiritoso, allegro, generoso
c. alta, bassa, grassa, media
d. tranquillo, stancante, pesante, faticoso
e. aperti, impegnativi, estroversi, simpatici
f. bruna, mora, chiara, scura
g. egoista, introverso, taciturno, chiuso
h. castani, brizzolati, bianchi, grigi

Exercise 10 ▶▶ A monster or a being from outer space? Look at this strange creature and complete its description, using the words below.

orecchie piedi occhi gambe dita teste mani naso braccia bocche faccia capelli

Questa strana creatura ha due _____. Una è molto grande con quattro _____, un _____ largo e tre narici. L'altra è più piccola, con la _____ stretta e due _____. Ha solo due _____ molto piccole. Non ha _____ ma tre antenne. Ha quattro _____ e due _____ per braccio. Una mano ha dieci _____. È molto alto e magro con due _____ soltanto ma ogni gamba ha tre _____.

Exercise 11 ►► Rewrite all the words you have used to complete Exercise 10, changing singular words into the plural and plural words into the singular.

Exercise 12 ►► Put the following dialogue in order, and guess what Enrico's job is. Start with c.

a. Bene, bene ma sono un po' stanco.
b. Son tante, se stai in piedi tutto il giorno!
c. Ciao. Come stai?
d. Lavori troppo tu! Quante ore fai?
e. Beh, sì. O dietro al bar o tra i tavoli.
f. Mah . . . dipende. Di solito otto ore.
g. Povere gambe!! Devi cercarti un lavoro meno pesante.

Exercise 13 ►► Mary needs some help. She has her people and jobs all muddled up. Can you help her? Link each Italian word with its English equivalent. Then write the job under the corresponding picture with the correct indefinite article.

  1. CHEMIST   **attore**

  2. TEACHER   **dentista**

  3. SECRETARY   **parrucchiere**

  4. LAWYER   **farmacista**

  5. DOCTOR   **regista**

  6. DENTIST   **bibliotecario**

  7. HAIRDRESSER   **cuoco**

  8. ACCOUNTANT   **insegnante**

  9. LIBRARIAN   **avvocato**

 10. CHEF   **segretaria**

 11. ACTOR   **commercialista**

 12. FILM DIRECTOR   **medico**

Exercise 14 ▶▶ **Below are the descriptions of some professions. Give their names, choosing from those listed in Exercise 13.**

a. Lavora in un ristorante e cucina bene.   _____

b. Dà e riceve molti libri.   _____

c. Lavora con il computer e scrive lettere.   _____

d. È spesso al cinema.   _____

e. Spiega e usa libri.   _____

f. Vede molte bocche ogni giorno.   _____

g. Lavora con capelli corti e lunghi.   _____

Exercise 15 ▶▶ **Each time you find *questo* in the sentences below replace it with *quello* and vice versa.**

Example: Non hanno più questa automobile.   Non hanno più **quella** automobile.

a. Vorrei leggere questo libro.   _____

b. Viviamo in questa città da dieci anni.   _____

c. Usa sempre quelle scarpe vecchie.   _____

d. Guardo spesso quel programma.   _____

e. Beve sempre questi superalcolici.   _____

f. Questi sono i figli di Mario e quelli di Franco. _____

Exercise 16 ▶▶ **Write questions for the following answers.**

Example: No, Marco è figlio unico.   **Ha fratelli, Marco?**

a. Mio fratello studia architettura.   _____

b. Sono un ricercatore.   _____

c. Ornella è un bel tipo: carina, intelligente . . . _____

d. Suo padre fa il pediatra.   _____

e. No, io non sono sposata.   _____

f. Siamo in quattro: mia madre, mio padre,
    mia sorella e io.   _____

Exercise 17 ▶▶ **In Italian, how would you . . .**

a. ask a friend how old his son is?   _____

b. ask a woman formally if she is married?   _____

c. say that you are an accountant?   _____

d. ask a friend if his girlfriend is blonde and tall? _____

e. say that your job is boring and tiring?   _____

f. ask how many people there are in your
    friend's family?   _____

g. say that Patrizia is a cheerful and open girl?   _____

Unit 3
In viaggio

Exercise 1 ▶▶ Find either the opposite (opp.) or the synonym (syn.) as instructed, of the words below.
Example: partenza (opp.)   **arrivo**

a. andata (opp.)   _____

b. sovrapprezzo (syn.)   _____

c. riservato (syn.)   _____

d. in orario (opp.)   _____

e. ratifica (syn.)   _____

f. assegno (opp.)   _____

Exercise 2 ▶▶ Match the descriptions of the different types of trains with their names listed below.

a. Treno lento che fa moltissime fermate intermedie.

b. Treno che viaggia tra una regione e l'altra facendo molte fermate.

c. Treno più veloce e che fa meno fermate dei primi due.

d. Treno veloce con poche fermate su cui si paga un supplemento.

e. Treno superveloce con pochissime fermate che unisce paesi diversi.

f. Treno superveloce simile ad un aereo che viaggia entro l'Italia senza fare fermate intermedie.

1. Eurocity   4. Espresso

2. Interregionale   5. Pendolino

3. Intercity   6. Regionale

Exercise 3 ▶▶ Reread the descriptions of the trains in Exercise 2. What type of train will you choose if you:

a. need to go from Roma to Parigi?   _____

b. want to reach a small town between
    Verona and Venezia?   _____

c. want to go from Roma to Milano the
    fastest way possible?   _____

d. are in Milano and want to go to Torino
    but are not in a hurry?   _____

e. want to go from Bologna to Firenze in
    a hurry but without paying a fortune?   _____

Exercise 4 ▶▶ Unscramble the anagrams below to find eight things you would see in a railway station and insert each word or phrase into the correct sign. The numbers in brackets show how many letters there are in each separate word. The first one is done for you.

a. asta dalaste   s___(4) _(1) _____(6)
b. terigliabita   b_____
c. rivira   a_____
d. trenzepa   p_____

e.	tronpo cosorsco	p_____(6) _____(8)
f.	stodepio glabiga	d_____(8) _____(7)
g.	gottige marstiri	o_____(7) _____(8)
h.	raibinia	a_(2) _____(6)

Exercise 5 ▶▶ Answer the following questions in full, using the words given in brackets.

Quanto ci vuole . . .

Example: per arrivare ad Alessandria? (quattro ore)   **Ci vogliono quattro ore.**

a. ancora? (pochi minuti)
b. in macchina? (un'ora, un'ora e mezza)
c. da Milano a Lodi? (mezz'ora circa)
d. a piedi? (dieci minuti)
e. con la metropolitana? (un quarto d'ora)

Exercise 6 ▶▶ Answer each question by writing the correct time in numbers next to it. Use the 24-hour clock.

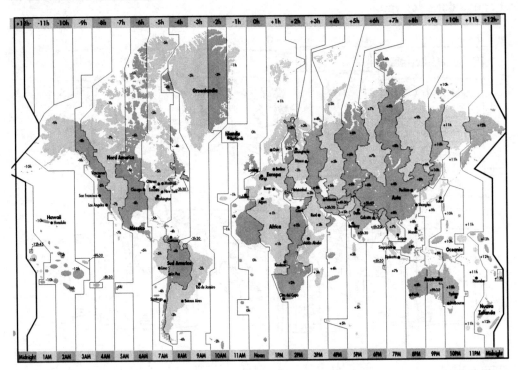

Che ore sono a . . .

a. New York quando a Londra sono le tre e venti del mattino?
b. San Francisco quando a Londra è l'una del pomeriggio?

c. Lima quando a New York è mezzanotte?
d. Lisbona quando a Londra sono le cinque meno cinque del pomeriggio?
e. Delhi quando a Londra è mezzogiorno?
f. Pechino quando a New York sono le due e un quarto del pomeriggio?
g. Sydney quando a New York sono le undici meno un quarto del mattino?

Exercise 7 ▶▶ **Find hidden in the grid the Italian for the means of transport given below. Which is the only one that requires a preposition other than *in*? A few letters have been highlighted to help you.**

trains   boat   bicycle   bus   cars   ship   underground (abbreviated version)
horse   taxi   coach   motorcycle (abbreviated version)   **planes**

H	U	O	**M**	P	I	Q	Z	E	W	R	K
Z	Y	P	A	K	**A**	U	**T**	O	B	U	S
A	D	V	C	H	J	S	R	D	R	A	N
G	**B**	I	C	I	**C**	L	E	T	T	**A**	N
V	A	B	H	X	O	A	N	J	H	E	P
D	R	M	I	Q	R	S	I	F	W	R	D
P	C	Y	N	P	R	K	Y	T	G	E	U
N	A	V	E	R	I	X	O	**M**	L	I	U
N	X	S	**M**	E	T	R	O	L	T	K
E	L	Y	Y	X	R	J	V	T	A	X	I
D	T	**C**	A	V	**A**	L	L	**O**	N	P	Y

Exercise 8 ▶▶ **You are travelling from Milano to Pisa and need to be reassured by the *controllore* (ticket inspector) about something. Complete the dialogue by inserting the missing questions.**

C: Buongiorno Signori. Biglietti prego. Scusi, Signora, non ho capito. Cosa vuol sapere?

You: _____?

C: No, per Pisa deve cambiare a Firenze.

You: _____?

C: Allora, da Firenze ci sono tre treni: uno di mattina e due di pomeriggio.

You: _____?

C: (looking at the timetable) Il primo parte alle 13:35.

You: _____?

C: Arriva alle 16:20.

You: _____?

C: No, la prossima fermata è Prato, poi c'è Firenze.

Exercise 9 ▶▶ Look at the *Guida alla consultazione* of the Alitalia flights schedule and answer the questions.

GUIDA ALLA CONSULTAZIONE

1 Città di provenienza
2 Codice IATA della città
3 Scostamento in ore da GMT della città indicata
4 Città di destinazione
5 Periodo di validità
6 Giorni di operazione:
  1 lunedì, 2 martedì, 3 mercoledì, 4 giovedì, 5 venerdì, 6 sabato, 7 domenica
7 Orario di partenza
8 Orario di arrivo

9 Codice della compagnia aerea e numero di volo
10 Vedi elenco 'Simboli e abbreviazioni'
11 Il volo arriva 1 o 2 giorni dopo
12 Numero di fermate intermedie
13 Sigla dell'aeroporto di coincidenza
14 Orario di arrivo (aeroporto di coincidenza)
15 Orario di partenza (aeroporto di coincidenza)
16 Codice della compagnia aerea e numero di volo

a. Where does the plane leave from?   _____
b. At what time does it leave?   _____
c. ... and the connection for Bruxelles?   _____
d. In what period of the year can I take this flight?   _____
e. How many times a week is that flight?   _____
f. How many stopovers does the plane make?   _____

Exercise 10 ▶▶ Find the odd one out in each line. The first one is done for you.

a. albergo, pensione, alloggio, coincidenza
b. ritardo, orario, biglietto, treno
c. telefono, notte, doccia, televisione
d. binario, partenza, arrivo, classe

e. chiavi, camere, informazioni, porte
f. sciopero, posto, prenotazione, supplemento

Exercise 11 ▶▶ **Where are the items in column A normally found in a hotel room?**
First supply the missing prepositions and articles in column B, then match the
items in column A with the locations in column B. The first one is done for you.

A   B
1. la poltrona   a. _____ comodino
2. la lampada   b. _____ muro
3. il fon   **c. vicino al letto**
4. il quadro   d. _____ cassetto
5. il telefono   e. _____ finestra
6. la tenda   f. _____ tavolo
7. l'elenco telefonico   g. _____ bagno

Exercise 12 ▶▶ **Solve this crossword about hotels.**

ORIZZONTALI

  3. Quella con . . . costa di più.
  6. Aiuta ad arrivare ai piani alti.
  8. È la prima stanza dell'albergo.
  9. Un albergo ne ha molti.
10. Aiuta ad avere il numero corretto.

VERTICALI

  1. È un posto dove mangiare.
  2. Si chiama per bisogno.
  4. Serve per comunicare.
  5. È nel bagno ma non è il bagno.
  7. Sono più economiche degli hotel.
11. Soffia aria calda.

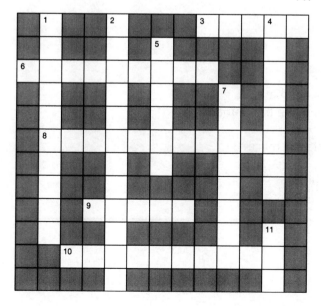

Exercise 13 ▶▶ Match the sentences on the left with their meaning on the right.

1. No, non ho capito.
2. Scusi, può parlare più lentamente?
3. Mi scusi, può ripetere?
4. Che cosa ha detto?
5. Mi dispiace ma non capisco.
6. C'è qualcuno che parla inglese?
7. Senta, scusi.

a. Could you speak more slowly, please?
b. Could you repeat, please?
c. Does anybody here speak English?
d. I am sorry but I don't understand.
e. Excuse me, please!
f. No, I haven't understood.
g. What did he say?

Exercise 14 ▶▶ Fill in the blanks with the adjectives given below. *Attenzione!* Remember the agreements.

comodo piccolo grande elegante rumoroso tranquillo

a. È un albergo centrale, molto _____ e naturalmente molto caro.
b. Ci sono 250 camere. È veramente _____.
c. Questa camera è troppo _____! Non c'è neanche una sedia.
d. La pensione è senz'altro _____. Fuori città non c'è molto traffico.
e. Le stanze più _____ sono quelle sulla piazza principale.
f. Ho proprio tutto in camera. È davvero _____!

Exercise 15 ▶▶ Put the following dialogue in the correct order. Start with f.

a. Due notti soltanto, dal 22 al 24.
b. Mi dà un documento per favore?
c. Per quante notti, Signore?
d. €90 a notte, colazione compresa.
e. Sì, ne abbiamo tre; una con vista sul mare.
f. Buongiorno. Avete una camera singola per domani?
g. €75 inclusa la colazione.
h. Ah, bene. Quant'è quella con vista sul mare?
i. E le altre due?
j. Bene. Prendo quella con vista sul mare.
k. Sì, ecco il passaporto.

Exercise 16 ►► **Read the list of services provided by the Hotel Centrale and indicate whether the statements that follow are true or false by circling either V (vero) or F (falso).**

a. You can eat in the hotel
    after 11 p.m.   V/F

b. On Monday at 9:30 a.m. you
    can have your hair cut in
    the hotel.   V/F

c. I am staying in room 345.
    To talk to me you need
    to dial 6345.   V/F

d. In the hotel they sell
    stamps.   V/F

e. You have stained your suit
    and you can dial 851 to
    get it cleaned by the hotel.   V/F

f. There is something wrong
    with the shower. You
    dial 871.   V/F

SERVIZIO TELEFONICA

HOTEL
CENTRALE

Tel. (06) 8877 – Telex 164263

INDICE	
CENTRALINO	9
LINEA ESTERNA	0
RICEVIMENTO	871/872
CASSA	870
SERVIZIO IN CAMERA ORARIO 06.30/10.00 12.00/15.00 19.00/22.30	851
LAVANDERIA – STIRERIA – LAVAGGIO A SECCO	52067
SVEGLIA	871/872
MEDICO	871/872
RISTORANTE	
SELF-SERVICE ORARIO 06.30/10.00 12.00/15.00 19.00/22.30	851
BAR HALL ORARIO 07.00/24.00	876
PARRUCCHIERE ORARIO 09.00/19.00 chiuso domenica e lunedì	52064
SHOPPING CENTER 07.00 a.m.–23.00 p.m. (profumeria, articoli da regalo, sigarette, francobolli, etc.)	51204
MANUTENZIONE	871/872

ATTENZIONE PREGO!!!

Per comunicare con un'altra camera dell'albergo formare il numero 6 prima del numero della camera desiderata.
Qualora il numero della camera richiesta terminasse con la lettera "B", bisogna formare due volte il numero 6 seguito dagli ultimi 3 numeri della camera desiderata. Esempio: per la 3301/B bisogna formare 6/6/301.

Exercise 17 ►► **In Italian, how would you . . .**

a. say you want a return ticket for Venezia?   _____
b. ask if you need to change trains?   _____
c. ask if the train is on time?   _____
d. ask at what time is the connection?   _____
e. say sorry but you haven't understood?   _____
f. ask for a double room for three nights?   _____
g. say that the phone doesn't work?   _____
h. ask if breakfast is included in the price?   _____
i. say that the room is noisy?   _____

Unit 4
Facciamo un po' di shopping

Exercise 1 ▶▶ **Unscramble the anagrams of the different foods below. The first letter has been inserted for you.**

a. sphagitte   s_____
b. iolo   o_____
c. pollaci   c_____
d. galio   a_____
e. dopiromo lapite   p_____ p_____
f. elsa   s_____
g. noceroppeni   p_____
h. canpatte   p_____
i. conoripe tragugiatto   p_____ g_____

Exercise 2 ▶▶ **To complete this famous Italian recipe, insert in the correct place the ingredients unscrambled in Exercise 1. Try to guess what it's called.**

Questi spaghetti sono una specialità laziale ed esattamente di Amatrice. Si tratta di spaghetti abbastanza sottili e senza buco conditi con la seguente salsa: tritate la _____ finemente e mettetela a dorare insieme con la _____ di maiale tagliata a dadetti e uno spicchio di _____ in un cucchiaio d' _____. Unitevi adesso una scatola di _____ _____. Aggiungete il _____ e una puntina di _____ rosso. Fate cuocere fino a quando la salsa sarà ben densa. Condite con la salsa gli _____ già lessati e infine cospargete di _____ _____.

Exercise 3 ▶▶ **Match each shop with an item of food preceded by the correct form of the partitive *del*, *della*, etc. The first one is done for you.**

pesci

pastiglie

pollo

prezzemolo

bresaola

spaghetti

cioccolatini

pane

cioccolatini	prezzemolo	pastiglie	pesci	pollo	spaghetti	pane	**bresaola**

Che cosa si compra . . .

a. in salumeria?   **Della bresaola.**   e. in pasticceria?   _____
b. dal fruttivendolo? _____   f. dal pescivendolo?   _____
c. al supermercato?   _____   g. al forno?   _____
d. in macelleria?   _____   h. dal farmacista?   _____

Exercise 4 ▶▶ **Replace the partitives (*del*, *della*) used with the items in Exercise 3 with one of the measures in the box below. Some items can be used with more than one measure.**

Example: Della bresaola   **due etti e mezzo** di bresaola.

un chilo	un pacco	due etti e mezzo	due mazzetti	una confezione
	mezzo	chilo	una scatola	

Exercise 5 ▶▶ Solve the crossword below.

ORIZZONTALI

6.   È di Parma ma non è parmigiano.
7.   Si serve in un cestino durante i pasti.
8.   100 grammi.
9.   È un liquido spesso rosso.
10. Si usa spesso insieme al pepe.
12. Possono essere verdi o nere.
14. È un tipo di carne.
15. È buono allo spiedo.

VERTICALI

1.   È bianco e si mette sulla pasta.
2.   Vive in acqua.
3.   Sono buone fritte.
4.   Una frutta piccola, rossa e dolce.
5.   Sono piccoli, rotondi e verdi.
9.   Si mangia a fette.
11. Un pane popolare è quello all' . . .
12. Si mette sull'insalata.
13. Il bianco si serve freddo.

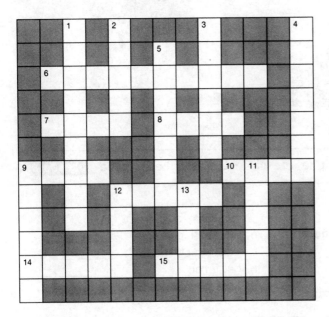

Exercise 6 ▶▶ Find the opposite of the following adjectives. The first letter has been inserted.

a.   Lungo   c_____
b.   Largo   s_____
c.   Piccolo   g_____
d.   Démodé   a_____ m_____
e.   Elegante   s_____

f. Classico   m_____
g. Economico c_____

Exercise 7 ►► Find the odd one out. The first one is done for you.

a. **vino**, pane, frutta, prosciutto
b. manzo, maiale, trota, pollo
c. lino, cotone, seta, cintura
d. belli, buoni, carini, eleganti
e. aceto, basilico, prezzemolo, sedano
f. stretto, piccolo, caro, corto
g. cravatta, gonna, calze, camicetta

Exercise 8 ►► Complete the telephone conversation below by putting the verbs in brackets into the correct form.

– Ciao, come va?
– Benone. E tu e Lorenzo? (stare) meglio adesso Lorenzo?
– Per fortuna, sì. Senti, io oggi (andare) a far spese in centro. Perché non (venire) anche tu? (fare) una bella passeggiata in centro e poi (andare) a mangiare qualcosa insieme.
– Mah . . . non (sapere). Vedo prima che (fare) Luca. Verso che ora?
– Le 10, le 11. Che ne (dire)?
– Lo (dire) a Luca e ti telefono. Va bene?
– Va bene. Ciao, a dopo.

Exercise 9 ►► Read the following article. Find in it words which are equivalent in meaning to those listed below. The first one is done for you.

a. in particolare   **specie**
b. far sciogliere una cosa ghiacciata   _____
c. che non fa un lavoro retribuito   _____
d. vita d'alta società   _____
e. spiegazioni su come cucinare un piatto   _____
f. dove si pestano vari ingredienti   _____
g. un set armonioso di vestiti   _____
h. non pochi   _____
i. provare un poco di cibo   _____
j. si usano per servire cibi vari   _____
k. frasi scritte per far piacere, onore a qualcuno   _____

LE LINGUINE IN SALSA SOFIA. 'CUCINO DUE VOLTE AL MESE'

'Amo la pizza' proclama Sofia Loren. 'Cucino due, tre volte al mese, <u>specie</u> quando i figli tornano con gli amici. E ho sempre nel freezer polpette e lasagne da scongelare in pochi minuti', confessa con toni da casalinga, da donna di casa, proprio nel mezzo di una serata di grande mondanità organizzata da Giorgio Armani a New York per la presentazione dell'ultimo libro della Loren *Recipes and Memories*, 'Ricette e memorie'.

La Loren parla (anche) del suo libro di ricette, tra cui le 'linguine in salsa Sofia': 'si comincia pestando in un mortaio aglio, prezzemolo, pinoli, acciughe, olive, capperi e cipolle . . .' Anche nei saloni di Armani, tra bluse e completi che costano svariati milioni, si sente il profumo e si assaggia, mercoledì sera, il meglio della cucina italianissima della Loren. Decine di camerieri, infatti, servono vassoi pieni di risotti e carpacci, pizzette e asparagi, cucinati con le ricette del libro. Ma lei, Sofia, non assaggia nulla: è troppo occupata a firmare dediche, a salutare vecchi amici e soprattutto a sorridere alla vita.

(Adapted from *La Repubblica*, 5 February 1999)

Exercise 10 ▶▶ **Read the text in Exercise 9 again and indicate which of the following statements are true, false or not certain by circling either V (*vero*), F (*falso*) or N (*non si sa*).**

a.	Sofia Loren cucina spesso per gli amici.	V/F/N
b.	Non le piace molto usare il congelatore.	V/F/N
c.	Ha pubblicato un libro di ricette.	V/F/N
d.	La Loren è ospite di Giorgio Armani.	V/F/N
e.	Le Linguine in Salsa Sofia sono un piatto di sua nonna.	V/F/N
f.	Durante la serata si mangiano piatti di tanti cuochi famosi.	V/F/N
g.	Sofia scrive sulle copie dei suoi libri.	V/F/N

Exercise 11 ▶▶ **Reorder the sentences of this dialogue between a customer (*cliente*) and a clothes shop assistant (*commessa*). Start with f.**

a. Che taglia, 42 o 44?
b. Belli! L'abito di seta però è un po' troppo vivace.
c. No, provo quello di lino. È più semplice.
d. Che colore preferisce, Signora?
e. Le sta bene. Un modello classico, sempre elegante.
f. Vorrei vedere un abito elegante.
g. Va bene, lo prendo. Ma quant'è?

h. Dipende, ma generalmente la 42.
i. Allora, abbiamo questo di seta – taglia 42 – o questo in lino ma è una 44.
j. No, con una sciarpa in tinta unita, va bene. Lo vuole provare?
k. Scontato viene €181.
l. Un celeste o azzurro chiaro.

Exercise 12 ▶▶ Put together the fashion descriptions by reordering the phrases below.

a. gialli a fantasia, viola scuro, giacca di velluto, in seta arancione, eleganti, a bordi chiari, su pantaloni, con sotto, camicetta
b. cotone pesante, a quadri, in unica tinta, con cintura grossa, completo di, verde scuro
c. a fiori, estivo leggero, rosa chiaro, abito, con maniche, corte a pallini
d. in scozzese, di lana blu e rosso, e cravatta rossa, a quadri, vestito da uomo, con camicia bianca
e. da donna, in morbida lana, e sciarpa, cappotto beige, su gonna marrone, lunga, lunga fantasia
f. in puro lino, con giacca, e pantaloni, grigia a righe, in tinta unica, spezzato uomo

---

Exercise 13 ▶▶ Now list the words contained in the descriptions of clothes in Exercise 12 in the relevant column.

COLORI   STOFFA   FANTASIE
_____   _____   _____
_____   _____   _____
_____   _____   _____
_____   _____   _____
_____   _____   _____
_____   _____   _____

Exercise 14 ▶▶ Fill in the blanks in these sentences by selecting suitable words from the box.

un litro   un po'   qualche   chilo   ne   dozzina   etti   dei

a. _____ vorrei solo 100 grammi.
b. Mi dà anche _____ cipolla per favore.
c. No, solo mezzo _____ di pomodori.
d. Se sono fresche, ne prendo una _____.

e. Me ne dà tre _____ di quelle verdi?
f. Sì. Anche _____ funghi freschi, per favore.
g. Solo _____ per metterlo nella salsa.
h. Sì, grazie. _____ del Carapelli, extra vergine.

Exercise 15 ▶▶ **Fill in the gaps with the correct pronouns *lo*, *la*, etc. or *ne* while trying to find in B the match for the sentences in A. The first one is done for you.**

A   B

1. Quale blusa?   **a. Io non le compro mai. Non mi piacciono.**

2. Prendi questo. È più elegante.   b. No, _____ pulisco prima di uscire.

3. Quanti caffè bevi al giorno?   c. _____ vedo giovedì, perché?
4. Quando incontri Lucio e Stefano?   d. Va bene, se ti piace _____ prendo.

5. Questi calzini sono bucati.   e. No, io per me _____ prendo due.

6. Hai pulito le scarpe?   f. Quella rosa. _____ vedi?
7. **Comprate mai le cozze?**   g. _____ cambio subito.
8. Un metro basta secondo te?   h. _____ prendo uno la mattina e uno a pranzo.

Exercise 16 ▶▶ **In Italian, how would you . . .**

a. ask for half a kilo of grapes?
b. say that you want some fresh fish?
c. ask to see the green leather handbag?
d. say that you want three (e.g. bread rolls) of them?
e. say that these gloves are really soft?
f. say that that jumper is too small?
g. ask if you can try them (e.g. the jeans) on?

Unit 5
Donne e lavoro

Exercise 1 ▶▶ Find the answers to the questions below hidden in the grid, using the English words in brackets.

Y	C	D	T	U	P	X	W	G	Q	B	B	R
A	P	B	X	W	T	I	M	L	M	Y	E	G
G	U	A	R	D	A	N	O	L	A	T	V	H
I	L	L	J	O	K	U	H	Z	N	X	O	J
O	I	L	T	R	S	L	E	G	G	O	N	O
C	S	A	Y	M	C	M	W	H	I	D	O	A
A	C	N	H	E	S	C	E	J	A	S	H	K
P	E	O	N	U	Q	T	Y	P	N	L	R	S

a. Che cosa fa Maria sul divano?   (*eats*)
b. Che cosa fanno Angelo e Cristina?   (*dance*)
c. Che cosa fa Enrico sulla sedia?   (*sleeps*)
d. Che cosa fa Michelino?   (*plays*)
e. Che cosa fanno Claudio e Guido al balcone?   (*drink*)
f. Che cosa fa la cameriera?   (*cleans*)
g. Che cosa fanno i due gemelli?   (*watch TV*)
h. Che cosa fanno i genitori di Michelino?   (*read*)
i. Che cosa fa il nonno?   (*goes out*)

Exercise 2 ▶▶ **Rewrite the answers to Exercise 1 using the present continuous (*stare* and the gerund).**

Exercise 3 ▶▶ **Reorder this telephone conversation between Elio e Rita. Start with d.**

a. Ah, ciao. Cosa stai facendo?
b. Che bello! E dove?
c. Che sorpresa?
d. Pronto?
e. Io invece sto preparando una sorpresa per mio fratello.
f. Nella loro vecchia scuola.
g. Ciao, Rita. Sono io, Elio.
h. Sto organizzando una riunione di tutti i vecchi compagni di scuola.
i. Sto studiando come sempre! E tu?

Exercise 4 ▶▶ **Fill in the blanks in the sentences below with the correct question words.**
Example: _____ musica ti piace di più?   **Quale** musica ti piace di più?

a. _____ fai la domenica?
b. _____ cominciate a lavorare la mattina?
c. _____ vanno di solito in vacanza Bruno e Irene?
d. _____ cuciniamo gli spaghetti oggi?
e. _____ invitiamo alla festa di ottobre?
f. _____ non esci con noi sabato?

Exercise 5 ▶▶ **Insert the correct reflexive pronoun in front of the verbs below.**
Example: La mattina _____ alziamo presto. La mattina **ci** alziamo presto.

a. _____ vestite prima o dopo colazione?
b. _____ diverto anche da sola.
c. Perché _____ arrabbi tanto?
d. Mara e Enrica _____ riposano sempre nel pomeriggio.
e. Remo si taglia sempre quando _____ rade.
f. Non _____ annoio mai con te!

Exercise 6 ▶▶ Replace the present continuous (*stare* and gerund) with the present tense.

a. Sto andando da Chiara.   _____

b. Sta venendo dalla stazione.   _____

c. Sto bevendo un tè caldo.   _____

d. State facendo colazione?   _____

e. Stanno finendo i compiti.   _____

f. Stai uscendo a quest'ora?   _____

g. Stiamo lavorando al computer.   _____

Exercise 7 ▶▶ Make up questions to match the answers in this formal interview.

a. Comincio a lavorare alle otto e mezzo.   _____

b. Dipende, ma in media lavoro cinque ore al giorno. _____

c. Di solito vado al lavoro in macchina.   _____

d. Perché la scuola è molto lontana da casa mia.   _____

e. Sono un insegnante di lingue straniere.   _____

f. Lavoro in una scuola della periferia.   _____

g. Posso prendere le ferie solo ad agosto.   _____

Exercise 8 ▶▶ Match each adverb of frequency in the box with one that means the same in the list below. More than one answer may be possible.

qualche volta   ogni anno   spesso   ogni giorno   di solito
raramente   sempre

a. generalmente   e. ogni tanto

b. frequentemente   f. costantemente

c. di tanto in tanto   g. annualmente

d. tutti i giorni

Exercise 9 ▶▶ Reorder the words to make complete sentences.

a. lezione, ogni, abbiamo, all', giorno, università

b. a casa, vado, spesso, di, per, Moira, ripassare

c. insieme, qualche, studio, collega, volta, ad, un

d. ci, raramente, la, alziamo, durante, settimana, tardi

e. l'estate, a, di solito, Forte dei Marmi, passo

f. sono, generalmente, esami, difficili, questi

Exercise 10 ▶▶ The right-hand column completes the sentence started or answers the question asked in the left-hand column. The first one is done for you.

1. **Non vedo** ◀───────────────   a. mai durante il giorno.
2. Al lavoro vai spesso in auto?   b. mai niente da dire.
3. Non faccio mai orario continuato, ➤ c. **nessuno dei suoi amici.**
4. Nessuno mi telefona   d. non vado mai con la macchina.
5. Durante le vacanze non facciamo   e. no, mai con Marco.
6. È proprio timida! Non ha   f. torno sempre al lavoro il
                                             pomeriggio.
7. Uscite mai insieme?   g. niente di interessante.

Exercise 11 ▶▶ Find the odd one out in each line. The first one is done for you.

a. estate, inverno, **mattina**, primavera
b. palestra, moda, piscina, discoteca
c. martedì, sabato, fine settimana, domenica
d. mese, settimana, oggi, anno
e. lavarsi, vestirsi, pettinarsi, divertirsi

Exercise 12 ▶▶ Using the words below, complete the letter that Gabriele is writing to a friend from his university campus. You need to insert the articles and prepositions and, of course, conjugate the verbs. Remember the agreements.

Cara Asia,

Oxford essere bellissimo ma avere molto lezione durante settimana.

Lunedì martedì e venerdì cominciare 8:30.

Giovedì andare università solo pomeriggio.

Mercoledì non avere lezioni. Essere libero ma studiare tutto giorno.

Sabato mattina andare palestra fare sport. Sera uscire Henry e John due amico inglese.

Domenica riposarsi non mai fare colazione. Alzarsi tardi 12 e andare mangiare mensa. Essere molto economico.

Scrivimi e raccontami di te. Bacioni. Tuo Gabriele

Exercise 13 ▶▶ **Insert Gabriele's activities in the diary page below, in Italian of course.**

Lunedì am	Martedì am	Mercoledì am	Giovedì am	Venerdì am	Sabato am	Domenica
pm	pm	pm	pm	pm	pm	

Exercise 14 ▶▶ **Now answer these questions on Gabriele's activities as given in Exercise 13.**

a. A che ora cominciano le lezioni?
b. Quali giorni non ha lezione?
c. Perché il giovedì mattina non va all'università?
d. Che cosa fa il mercoledì?
e. Cosa fa il sabato sera?
f. A che ora fa colazione la domenica?
g. Perché non mangia a casa la domenica?

Exercise 15 ▶▶ **In Italian, how would you . . .**

a. say that you are having breakfast?
b. ask a friend what time he wakes up?
c. say that generally you take the bus?
d. say that Enza never watches TV after 10 o'clock?
e. say that your parents sometimes get up late?

Unit 6
Tutti a tavola!

Exercise 1 ▶▶ Give the opposite of the following adjectives.

a. buono _____
b. insipido _____
c. dolce _____
d. morbido _____

e. fresco _____
f. cotto _____
g. grasso _____
h. pesante _____

Exercise 2 ▶▶ Complete the sentences by matching the parts in column A with their corresponding parts in column B.

A
1. Non avete dei piatti senza carne? Sono
2. Mi porta la lista dei vini,
3. Mi cambi il bicchiere. Questo
4. Purtroppo la parmigiana di melanzane è finita. Abbiamo
5. Cameriere, ci vuole
6. Di leggero abbiamo bistecca ai ferri e pollo

B
a. è sporco.
b. ancora molto?
c. brasato con patate.
d. vegetariano.
e. per favore?
f. dei fagiolini o verdura lessa.

Exercise 3 ▶▶ Fill in the gaps in the sentences below with one of the expressions from the box.

| costata di maiale   contorni   piatto del giorno   tovagliolo   pane integrale |
| macedonie   ben cotta   cozze |

a. Prendiamo il _____ con contorno di patatine in umido.
b. Avete del _____? Quello normale mi dà sempre indigestione.
c. Come la vuole la bistecca, al sangue o _____?

d. I _____ sono la nostra specialità. Ne abbiamo per tutti i gusti.

e. Come sono le '_____ alla Casalinga'?

f. Cameriere, mi porti un altro _____. Questo è macchiato.

g. No, no. C'è uno sbaglio. Abbiamo preso solo una _____.

h. Sì, subito. Due _____, una con e una senza gelato.

Exercise 4 ▶▶ Study the results of a survey on the eating-out habits of the Italians and answer the questions that follow.

A PRANZO FUORI			
€35 MILIARDI SONO STATI SPESI NEL 1998 PER MANGIARE FUORI CASA	€6 LA SPESA MEDIA PER MANGIARE FUORI CASA NEI GIORNI DAL LUNEDÌ AL VENERDÌ	IL CAFFÈ 54% LE PERSONE CHE DAL LUNEDÌ AL VENERDÌ MANGIANO FUORI CASA A PRANZO O A CENA E CHIEDONO IL CAFFÈ	57,6% TRA I 46 E I 64 ANNI 50% OLTRE I 65 ANNI
€16 MILIONI AL RISTORANTE €4,5 MILIONI AL SELF SERVICE €4 MILIONI IN PIZZERIA €3 MILIONI PER SNACK BAR €3 MILIONI NEI FAST FOOD	€8 LA SPESA MEDIA PER MANGIARE FUORI CASA IL SABATO E LA DOMENICA	DURANTE IL FINE SETTIMANA LO CHIEDE IL 72,6% A PRANZO E IL 37,4% A CENA IL CAFFÈ FUORI CASA 34,8% DI QUELLI CHE HANNO TRA I 18 E I 23 ANNI 58,2% TRA I 24 E I 45 ANNI	IL VINO FUORI CASA VIENE BEVUTO DAL LUNEDÌ AL VENERDÌ 3,2% TRA I 18 E I 23 ANNI 14% TRA I 24 E I 45 ANNI 24,6% TRA I 46 E I 64 ANNI 45,5% OLTRE I 65 ANNI

a. In quale tipo di locale di preferenza spendono gli italiani più soldi per mangiare?

b. Quanto spendono di media durante la settimana per un pasto?

c. I caffè presi al bar sono di più durante la settimana o a fine settimana?

d. Chi beve più caffè fuori casa?

e. Chi beve meno vino fuori casa?

f. Quale tipo di pasto è meno popolare a fine settimana?

g. Quali bevande sono più richieste a fine settimana?

Exercise 5 ►► Fill in the gaps in the following report based on the statistics of Exercise 4, using the words in the box.

> categoria differenza d'età pasti incoraggiante consumatori veloci
> fuori piatti abitudini

L'indagine mostra che i _____ più popolari tra gli italiani rimangono quelli presi al ristorante e tra i pasti _____ quelli al self-service, generalmente all'interno di un bar. Si può osservare che non c'è una grande _____ fra quanto gli italiani spendono per mangiare _____ durante la settimana e a fine settimana. I dati mostrano che il caffè rimane fra le _____ a cui gli italiani non intendono rinunciare dovunque siano. I suoi _____ più leali sembrano appartenere infatti alla più larga fascia _____. Durante la settimana chi consuma più vino sembra essere la _____ dei pensionati. Dato _____ è anche quello riguardante il consumo quasi identico di vino e acqua durante il fine settimana. È comunque abbastanza evidente anche, che il re dei _____ preferito al fine settimana dal ben 31% degli italiani rimane come sempre l'umilissima pizza.

Exercise 6 ►► In Italian, how would you . . .

a. attract the waiter's attention?   _____
b. say 'a table for three'?   _____
c. ask what wines they have?   _____
d. say that you don't understand?   _____
e. ask what 'Pennette contadine' is made with?   _____
f. send something back because it's uncooked?   _____
g. order grilled swordfish with a green salad?   _____
h. ask if the fruit salad is made with fresh fruit?   _____

Exercise 7 ►► Replace the underlined expressions in the following sentences with the verbs given in brackets. Add the necessary prepositions or pronouns as relevant.

a. Mauro <u>ama</u> trascorrere una vacanza al mare e una in montagna. (piacere)
b. Vittorio <u>ha l'impressione</u> che questa trattoria non sia più buona come una volta. (parere)
c. <u>Abbiamo bisogno di</u> prodotti sani, aria fresca e una vita più tranquilla. (occorrere)
d. <u>Avete bisogno di</u> una mano d'aiuto? (servire)
e. Quanti esami <u>devi fare</u> per finire la laurea? (mancare)
f. Non <u>credi</u> che questa musica sia un po' forte? (sembrare)

Exercise 8 ▶▶ Match the activities given below with the pictures.

andare sott'acqua   andare a cavallo   fare aerobica   fare alpinismo   suonare il flauto   fare deltaplano   andare in piscina   incontrare gli amici   lavorare in giardino   andare a pesca   ascoltare musica   giocare a scacchi

Exercise 9 ▶▶ **Write a sentence saying if you like or don't like each of the activities in Exercise 8. Explain why, using the adjectives and expressions below. You can also choose adverbs like *molto/poco/troppo/abbastanza* to emphasise or moderate your statements.**
Example: Mi piace andare in palestra perché **fa molto bene**.

+   −

facile   difficile
utile   inutile
piacevole   noioso
divertente   poco interessante
rilassante   stancante
fa bene   fa male

Exercise 10 ▶▶ **Solve the crossword and then insert the letters from the highlighted squares into the gaps of the word below the clues. Together with the letters already there you should get the name of another popular pastime.**

_ R _ _ _ _ B _ _ L _

ORIZZONTALI

2. Di solito si fanno lunghe.
6. Un luogo per ballare.
10. Si pratica d'inverno.
12. Si gioca seduti al tavolo.
13. È salato.
14. Senza vento non si muove.
15. Ha tasti bianchi e neri.

VERTICALI

1. Si va in *shorts* ma non è la spiaggia.
3. Escursioni.
4. Si gioca con racchette.
5. Ha solo audio.
7. Ha tende ma non è una casa.
8. Può essere pop o classico.
9. Nel passato era muto.
11. Ha audio e video.
12. Se sei stanco, vuoi restarci.

Exercise 11 ▶▶ **Complete the sentences below by inserting the verb that each of the hobbies or activities in Exercise 10 is generally used with. In some cases you may also need to insert a preposition or an article.**

ORIZZONTALI

2. A Remo piace _____ la sera.
6. Il fine settimana i miei figli _____.
10. Ci piace molto _____.
12. Elsa e Rita _____ ogni sera.
13. D'estate tutti _____.
14. Vuoi imparare a _____?
15. Sa _____ benissimo.

VERTICALI

1. Mario _____ ogni martedì.
3. Io ne _____ in primavera.
4. Sai _____?
5. La mamma preferisce _____.
7. È tanto che non _____!
8. Il mese prossimo _____ pop.
9. Vi piace di più _____ o a teatro?
11. Ti piace _____?
12. Aldo oggi non _____.

Exercise 12 ▶▶ **For each picture write a question either asking the person or persons in the picture (direct) whether they like the activity shown or asking a third person (indirect), according to the instructions given.**
Example: Avv. Gervasi (direct)
Avvocato Gervasi, le piace il golf/giocare a golf?
Avv. Gervasi (indirect)
All'Avvocato Gervasi piace il golf/giocare a golf?

+

–

a. Daniele (indirect)

b. Angela e Clara (indirect)

c. Signor Filippetti (direct)

d. Tu e Gino (direct)

e. Erminia (indirect)

f. Zio Pietro (direct)

Exercise 13 ▶▶ Now write a reply to each of the questions you have made up, following the clue given in the pictures in Exercise 12.
Example: Avvocato Gervasi, le piace il golf?   **Sì, mi piace.**

Exercise 14 ▶▶ The following is a recorded answerphone message which has somehow got all its *dovere, rotere, volere* verbs muddled up. Move the italicised verbs to their correct place in the text.

Alberto, sono io Sonia. Ma dove sei? Stamattina mi hai detto 'No, no, oggi non *puoi* portarti in centro perché *vuoi* lavorare al progetto.' Bah, lasciamo perdere! Senti, mamma e papà *possiamo* uscire presto stasera e io *vuoi* andare in palestra e non ho la macchina. *Devono* venirmi a prendere? Se *posso*, *devo* restare anche tu?!? . . . e magari poi *vuoi* andare a prendere una pizza, magari insieme a Fulvio!! Ah . . . dimenticavo! Cinzia *puoi* che la chiami. È molto arrabbiata con te. *Devo* un consiglio? . . . Mah, forse è meglio di no per adesso. Chiamami subito, se *vuole* arrivare alla pensione!!

Exercise 15 ▶▶ In Italian, how would you . . .

a. ask a friend if he likes going to discos? _____
b. say you don't want to go out tonight? _____
c. say that swimming is good for you? _____
d. ask Laura if she needs help (*servire*)? _____
e. say you like tennis but Sara does not? _____
f. ask two friends if they want to stay at home or go out? _____
g. ask Enrico if he needs anything (*mancare*)? _____
h. say you and Anna can't come tonight? _____

Unit 7
Trovare la strada giusta

Exercise 1 ▶▶ Find the Italian equivalent of the following English words hidden in the grid.

| bend | queue | crossroads | corner | motorway exit | lane | pedestrians |
| traffic warden | pavement | tollbooth |

K	P	I	W	R	T	Y	U	C	V	X
B	H	N	J	Q	D	M	S	A	P	Z
T	B	C	Y	A	S	O	V	S	E	K
M	A	R	C	I	A	P	I	E	D	E
Y	L	O	U	S	N	L	N	L	O	L
W	I	C	R	R	G	B	C	L	N	I
K	F	I	V	O	O	U	O	O	I	G
J	L	O	A	C	L	K	L	W	J	I
I	Z	K	A	H	O	Q	O	F	H	V

Exercise 2 ▶▶ Find the opposite (opp.) or synonym (syn.) of the words listed below.

a. a sinistra (opp.) _____

b. accanto a (syn.) _____

e. in fondo a (syn.) _____

f. l'ultima (opp.) _____

c. dietro a (opp.)   _____   g. distante (syn.)   _____
d. prima di (opp.)   _____   h. di faccia (syn.)   _____

Exercise 3 ▶▶ Change the following into the corresponding adverb in -*mente*.

a. con facilità   _____   e. con tristezza   _____
b. con allegria   _____   f. con dolcezza   _____
c. con celerità   _____   g. con cordialità   _____
d. con modestia   _____   h. con volgarità   _____

Exercise 4 ▶▶ Complete the sentences by matching the left-hand column with the right-hand one.

1. Non ci vuole molto, solo   a. a destra.
2. Potete prendere la prima o la seconda,   b. prendete il 327.
3. Camminando velocemente potete essere lì   c. gira a destra.
4. Proprio all'angolo tra Via Roma e Corso Umberto   d. due minuti a piedi.
5. Appena in piazza, scendete e   e. tra dieci minuti.
6. Non ricordo bene se è la prima o la seconda   f. c'è la farmacia.
7. No, al primo semaforo dritto, al secondo   g. è lo stesso.

Exercise 5 ▶▶ Replace the words underlined in this diary page with one of the corresponding adverbial expressions in the box.

| di stucco   a puntino   di corsa   di traverso   a casaccio   di testa sua |

Sono così arrabbiata . . . Fabio è proprio un imbecille! Non ne fa mai una buona. E diventa ogni giorno più difficile viverci insieme. Fa sempre come vuole lui, non si consulta mai . . . e inevitabilmente tutto gli va male.

E per forza!! Non riflette mai prima di fare qualcosa. Agisce sempre come capita. A me che piace fare tutto con tanta attenzione! Bene! Lui è l'opposto. Stamattina mi alzo e rimango sbalordita. Fabio stava usando la mia sciarpa di seta per pulirsi le scarpe. Poi mi dice: 'Scusa ma tu perché la lasci qui in cucina' ed esce rapidamente per non sentirmi urlare.

È un disastro ambulante.

Exercise 6 ▶▶ Reorder the muddled up conversation between Marco and a friend of his. Start with f.

a. Ma dai! Sono appena le sei. Rimani ancora un po'.
b. Ma non per altri cinque minuti. Siediti, non ti preoccupare. Parliamo un altro po'.
c. No, davvero non posso. È un po' lontano dove abito io e ci vogliono tre quarti d'ora.
d. No, a casa si preoccupano se non arrivo in tempo.
e. Non so. Vediamo. Ci sentiamo domani.
f. Mi dispiace ma è proprio tardi. Devo andare.
g. Sempre così gentile ma devo proprio andare.
h. E allora telefona e di' che ti accompagno dopo io con la macchina.
i. Allora ritorna domani. Vieni quando vuoi. Sono in casa tutto il giorno.

Exercise 7 ▶▶ Now imagine that the person in a hurry is not Marco's friend but his boss. Change all the familiar forms of the imperative in Exercise 6 into the corresponding formal address. *Attenzione*!! You may need to change more than just the verb.

Exercise 8 ▶▶ The journalist who wrote the following article was having a bad day. Can you put all the wrongly placed words in the right place? They are all underlined.

Maxi rientro sotto la pioggia. Traffico intenso ma scorrevole.
Allarme della Protezione civile per temporali in arrivo al Centro-Nord

ROMA – Traffico in <u>meno</u> nel pomeriggio di oggi sulle strade italiane per il rientro dalle ferie in questa ultima <u>causa</u> d'agosto. Sono oltre due milioni i <u>chilometri</u> in movimento, ma il flusso è <u>stradale</u> e non si registrano situazioni critiche. Il rientro avviene con condizioni meteo variabili e con prevalenza di cielo nuvoloso, pioggia e temporali.

Code di <u>aumento</u> di un chilometro vengono segnalate sulla A1 alla <u>direzione</u> di Milano e a quella di Roma sud. Traffico intenso anche sulla Roma-Fiumicino.

Tra gli incidenti più <u>maggiori</u> quello di ieri avvenuto a Bussi sul Tirino (Pescara), uno scontro frontale sulla strada <u>scorrevole</u> 153: due i morti e un <u>tamponamento</u>. E sono gli incidenti la <u>domenica</u> dei problemi <u>gravi</u> per gli automobilisti. In Emilia per un <u>ferito</u> si è formata una coda di otto <u>veicoli</u> sulla A1 all'altezza di Modena, in <u>barriera</u> nord. Sempre un incidente ha provocato due chilometri di fila sulla A14 all'altezza di Bologna Borgo Panigale.
(Adapted from *La Repubblica*, www. repubblica.it, 25 August 2002)

Exercise 9 ►► **Reread the article in Exercise 8 and find the following.**

a. Three words related to road accidents

b. Three words implying traffic

c. The synonyms for: *casello, tempo, prossimità, maggioranza*

Exercise 10 ►► **Reread the article in Exercise 8 and decide which of the following statements are false. Underline the part/s of the sentence which make/s them untrue.**

a. Il giornalista dà un'impressione positiva del traffico.

b. Sono pochi gli automobilisti in viaggio.

c. Code molto lunghe nei pressi di Milano e Roma.

d. C'è stato un incidente mortale sull'autostrada vicino Pescara.

e. Le code più lunghe non sono causate dagli incidenti stradali.

Exercise 11 ►► **Find your way out of the magic maze by following the directions given. What town are you now in?**

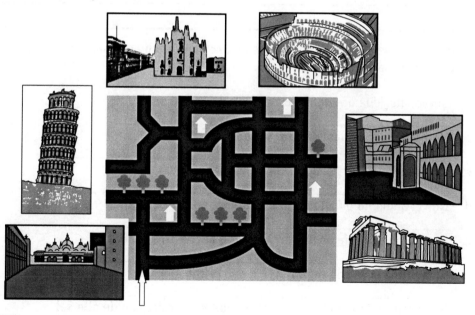

DIREZIONI

Per scoprire che cosa c'è alla fine del percorso descritto prendete la seconda a destra, andate dritto per il viale alberato, al bivio girate a sinistra. Arrivate fino al terzo incrocio e girate a sinistra, passate il chiosco a destra e proseguite poi seguendo sempre la strada. Attraversate poi il grande viale e continuate dritto fino al bivio; lì girate a sinistra e alla fine di questo sentiero c'è . . .

Exercise 12 ▶▶ **Just before leaving for university, Enrica receives some last-minute advice from her mother! Complete the sentences with the verbs given in brackets.**

a. Mi raccomando (mangiar sano) e a casa!

b. Quando esci con la macchina non (andare veloce).

c. (tenere basso) la TV o la radio per non disturbare i vicini.

d. Se rientri tardi la sera – non spesso, naturalmente – (fare piano).

e. E (studiare sodo)! Lo sai che è nel tuo interesse.

f. Certo i primi tempi lontano da casa non sono facili, ma tu (tenere duro).

g. Lo so si fa presto a dire: '(Farsi forte)', ma . . . sarà difficile anche per me!!

Exercise 13 ▶▶ **Look at the pictures and rewrite each sentence changing *ci* to the place it represents.**

a. Ci vado per due ore ogni giorno per prendere il sole.

b. Mamma e papà quest'anno ci vanno a febbraio.

c. Mio fratello ci va in gruppo con le vacanze studio.

d. Non ci andiamo più. Il rumore è sempre così assordante.

e. Perché non ci vieni anche tu? Vengono anche Tullio e Enza.

f. Stamattina ci va con mamma; è il suo primo giorno.

g. Se volete venirci anche voi, passate adesso perché chiude alle sei.

Unit 8
Andiamo in vacanza

Exercise 1 ▶▶ **Find the odd one out in each line.**

a. animazione, sistemazione, relax, divertimenti
b. chalet, bungalow, ostello, residence
c. spettacoli, comfort, pianobar, dancing
d. sci, pattini, slittino, pista
e. immersioni, pesca subacquea, aerobica, ginnastica acquatica
f. escursioni, servizi, strutture, attrezzature

Exercise 2 ▶▶ **Give the opposites of the past participles shown below. The first letter is supplied for you.**

Example: andato   **venuto**

a. entrato   u_____
b. nato   m_____
c. partito   a_____
d. mangiato   b_____
e. trovato   p_____
f. visto   s_____
g. addormentato   s_____
h. chiesto   r_____

Exercise 3 ▶▶ Place all the past participles in Exercise 2, including the ones you have just written in, in the correct column according to whether they use the auxiliary *essere* or the auxiliary *avere*.

ESSERE   AVERE

_____   _____

_____   _____

_____   _____

_____   _____

_____   _____

Exercise 4 ▶▶ Fill in the blanks in this mysterious story with the past participles from Exercise 2. A few have been inserted already to make your task easier.

'Quando è <u>morto</u>?' ha <u>sentito</u> Daniele appena è _____ al bar.

'Non so esattamente ma sembra durante la notte. Si è _____ e non si è più <u>sve-gliato</u>,' ha _____ l'altro. 'Ma di dov'era?' ha _____ il primo.

'Era _____ a Bari, credo. È <u>venuto</u> a Roma due anni fa in vacanza ma ha _____ lavoro . . .'

'Un tipo strano!' era stato l'ultimo commento. Daniele ha _____ il suo tramezzino e _____ il caffè con ansia crescente. 'Lo conoscevi?'

'No,' ha continuato l'altro, 'non l'ha mai <u>visto</u> nessuno.' Disperato Daniele era _____ a cercare inutilmente la sua immagine nello specchio della toilette. È <u>uscito</u> dal bar in preda al panico come per sfuggire ad un incendio. Correndo e ansimando è _____ alla stazione, ma il treno era già _____. Aveva _____ il treno per Bari.

Exercise 5 ▶▶ Based on the reconstructed story in Exercise 4, indicate whether the following are true, false or not certain by circling V (*vero*), F (*falso*) or N (*non si sa*).

a. La persona misteriosa è morta mentre dormiva.   V/F/N
b. A Roma ha trovato subito lavoro.   V/F/N
c. Al bar Daniele ha preso solo da bere.   V/F/N
d. Nessuno conosceva questa persona misteriosa.   V/F/N
e. Daniele ha avuto una bella esperienza nella toilette. V/F/N
f. Daniele ha lasciato il bar di fretta.   V/F/N
g. Daniele voleva andare a Bari.   V/F/N

Exercise 6 ▶▶ **Match each of Enzo's activities with its corresponding picture.**

> mangiare un panino   litigare con la ragazza   alzarsi   fare un esame
>
> vedersi con amici   andare in discoteca   andare al mare

Exercise 7 ▶▶ **Look again at the pictures in Exercise 6 and complete the sentences below by inserting the correct verb in its past form.**

a. Stamattina Enzo _____ tardi.
b. Ieri lui e Gino _____ insieme.
c. Due giorni fa _____ con Monica.
d. Venerdì sera _____ a casa sua.
e. Il mese scorso _____ con la ragazza.
f. Una settimana fa _____ difficile.
g. L'anno scorso _____ in Puglia.

Exercise 8 ▶▶ **Mara and Teresa are getting ready for their skiing holiday. Mara is very apprehensive and asks Teresa a lot of questions. Reply as if you were Teresa, using the words in brackets.**

Example: Hai preso i soldi? (Sì)   **Sì, li ho presi.**

a. Hai messo i guanti pesanti nella valigia? (Sì)   _____
b. Hai chiuso tutte le finestre? (non ancora)   _____
c. Hai preso i passaporti? (Sì)   _____
d. Hai visto la mia giacca a vento? (No)   _____
e. Hai chiamato il taxi? (Sì)   _____
f. Hai preso anche il mio maglione rosso? (Sì)   _____
g. Hai comprato le creme solari? (Sì)   _____
h. Hai trovato la carta di credito? (non ancora)   _____

Exercise 9 ▶▶ **Marco, who has gone to London on a study holiday, writes to his friend Antonio. Antonio meets Ernesto, a mutual friend, who asks about Marco's stay in England. Change all the verbs into the past and the third person.**

Ciao, o meglio Hello, Antonio! Come stai? Io benone!

Che città fantastica Londra! Mi piace tantissimo. Non esco spesso con italiani per cercare di parlare inglese, ma mi diverto molto lo stesso. La mia giornata è piena di impegni. La mattina vado al corso e rimango lì a scuola fino all'una. Gli insegnanti sono giovani e simpatici. Dopo pranzo ho delle opzioni. Posso andare a fare delle escursioni o seguire dei seminari su vari argomenti. Generalmente io preferisco andare in gita. Voglio vedere il palazzo reale, la torre, Greenwich e anche la ruota, quella che chiamano 'l'occhio'. Sabato vado ad una festa. Forse viene anche Miriam, una ragazza simpatica che ho conosciuto in discoteca. Speriamo!!

Domenica prossima viene mia madre e mi porta a Parigi. Non è fantastico. Londra ...Parigi ...Ho tante cose da raccontarti.

A presto

Marco

Exercise 10 ▶▶ **Grandad is comparing today's children with those of his generation. Using the words given below, compose the sentences he's likely to say about the past.**

Example: hanno molti giocattoli: pochi   **I bambini di ieri avevano pochi giocattoli.**

OGGI   IERI

usano poco la fantasia   di più
giocano poco all'aperto   molto
guardano sempre la TV   mai
stanno poco insieme ad altri bambini   di più
non rispettano gli adulti   molto
sono più viziati   meno

Exercise 11 ▶▶ **Find hidden in the grid the Italian equivalents of the English expressions below.**

last year   three days earlier   last month   this morning   then

yesterday evening   yesterday   a little while ago   a week ago   at that time

before   the day before yesterday   Friday evening

I	L	M	E	S	E	S	C	O	R	S	O	K	S	V
Q	A	P	U	Q	B	K	Q	A	P	S	Y	L	T	E
U	N	A	S	E	T	T	I	M	A	N	A	F	A	N
Z	N	L	D	P	K	J	E	Q	L	D	K	H	M	E
C	O	J	Z	O	I	E	R	I	S	E	R	A	A	R
B	P	R	I	M	A	N	I	S	J	A	B	J	T	D
N	A	H	V	J	H	G	L	V	W	F	A	Z	T	I
A	S	T	V	H	E	H	A	L	L	O	R	A	I	S
P	S	L	I	G	P	W	L	O	K	C	J	B	N	E
Q	A	N	R	W	O	Q	T	D	Y	O	G	N	A	R
J	T	R	E	G	I	O	R	N	I	P	R	I	M	A
K	O	M	I	C	T	Z	O	Y	T	U	W	M	Q	U

Exercise 12 ▶▶ **Fill in the blanks in this text with the words in the box.**

pascolo   paradiso   morali   sciistico   sacrifici   Papa   a caccia di   panorami
mostra   mondiali   zona   si ricordano   turista   umili

La valle di Papa Luciani

Anche il _____ più distratto nota le belle sagome delle case rurali e dei fienili della valle del Biois, che schiudono tesori di speck e formaggi. _____ stupendi, montagne incantate, prati e boschi. Un vero _____ terrestre questa valle dove però vivere in passato era molto duro. La gente faceva una vita di _____ e molti emigravano per trovare lavoro. La situazione già precaria è peggiorata ancor di più con lo scoppio delle due guerre _____ quando non è stato più possibile passare il vicino confine in cerca di lavoro o _____ camosci. Anche se il turismo _____ di questi ultimi anni ha portato benessere a questa valle antica, la povertà della _____ non è stata dimenticata da un suo illustre cittadino: Albino Luciani, divenuto Papa come Giovanni Paolo I, il 26 agosto del 1978. Il papa proveniva da una delle tante famiglie povere ed _____ di questa valle, ancorate a principi _____ e religiosi sani e semplici. Sono ancora molti a Canale d'Agordo che _____ del bambino che dopo la scuola prendeva il bastone e portava gli animali al _____. Nessuno poteva immaginare che un giorno quel bambino sarebbe diventato _____ anche se per un periodo brevissimo; il 28 settembre dello stesso anno infatti moriva 'il Papa del sorriso'. Ogni anno in estate a Canale, si può visitare una _____ storico-fotografica sulla vita di Papa Luciani.

(Adapted from eviaggi.com, in *L'Espresso*, www.espressonline.it)

Exercise 13 ▶▶ **Now read the complete text in Exercise 12 again and answer the following questions.**

a. Per quali cibi è famosa la valle di Biois?   _____

b. Con quali termini biblici è descritta la bellezza del luogo?   _____

c. Che cosa faceva la gente che non trovava lavoro?   _____

d. Che cosa non è stato più possibile fare con le guerre?   _____

e. Perché la valle è meno povera oggi?   _____

f. Che cosa faceva il Papa da bambino?   _____

g. Quanti giorni è stato Papa Albino Luciani?   _____

h. Che cosa succede a Canale nel periodo estivo?   _____

Exercise 14 ▶▶ In Italian, how would you . . .

a. ask your friend how long she spent in Rome?   _____

b. ask if she liked the Vatican Museums?   _____

c. ask your friend what she did every day in Rome?   _____

d. say you had an accident while on holiday?   _____

e. say that you didn't like Perugia much?   _____

f. say that you saw her two weeks ago?   _____

g. ask Enrico and Enza what they did last night?   _____

Unit 9
Studiare e lavorare in Italia

Exercise 1 ▶▶ **Find the odd one out in each line.**

a. alloggiare, risiedere, abitare, rimanere
b. prestazione, corso, tirocinio, formazione
c. ditta, fattoria, impresa, azienda
d. prossimo, futuro, venturo, scorso
e. fra quanto, fra qualche giorno, fra non molto, a giorni
f. posto, impiego, permesso, lavoro

Exercise 2 ▶▶ **Solve the crossword puzzle.**

ORIZZONTALI

1. Un luogo dove si mangia.
2. Un giudizio.
4. Si pagano quando si lavora.
7. Un periodo formativo.
9. Dettagli personali.

VERTICALI

3. Si guarda per cercare lavoro.
5. È un tipo di agenzia.
6. Elenco basato su meriti.
8. Un po' di tempo.
10. Società.
11. La richiedono i datori di lavoro.

Exercise 3 ▶▶ Insert the correct preposition: *da*, *fra* or *fa*.

a. Il corso che ho fatto due mesi _____ era molto interessante.
b. Partirò per iniziare il mio stage _____ una settimana.
c. Sarò in Italia per tre mesi, _____ aprile a giugno.
d. Ritorneremo _____ poche settimane, prima di Natale.
e. _____ domani dovrò alzarmi presto per andare in ditta.
f. Anche Mary un anno _____ ha lavorato nella stessa ditta.
g. Il mio CV è pronto _____ quattro mesi.

Exercise 4 ▶▶ Match the left-hand and right-hand columns to form sentences that make sense.

1. Partirò domani
2. I nostri amici
3. I ragazzi torneranno
4. Il Signor Rolandi telefonerà
5. Prima andremo a Firenze e poi
6. Venerdì sera alla TV ci sarà
7. Che cosa farete
8. A che ora ti

a. arriveranno martedì.
b. un bel film.
c. alzerai domenica mattina?
d. fare le spese stamattina.
e. da scuola alle quattro.
f. domani?
g. contenta di vedermi.
h. a Gianna stasera.

9. Non avrò tempo per   i. visiteremo Padova.
10. Mia zia sarà molto   j. con il volo delle 3.40.

Exercise 5 ▶▶ **What are this family's good intentions for the future? Complete the sentences by putting the words in order, inserting any missing words and putting the verb in the correct form.**

a. la settimana prossima, palestra, Enrico, iscriversi

_____

b. domani, Federica, sua camera, mettere in ordine

_____

c. padre, casa, il mese prossimo, tutta, ridipingere

_____

d. più piccolo, televisione, fine settimana, guardare, meno

_____

e. madre, dimagrire, cominciare, dopodomani

_____

f. tre mesi, smettere, nonno, fumare

_____

g. studiare, l'anno venturo, andare, Enrico e Federica, estero

_____

h. futuro, uscire, più spesso, genitori, la sera

_____

Exercise 6 ▶▶ **Change the following sentences by inserting *sperare* or *avere intenzione di*. The clues in brackets are there to help you choose the most suitable verb; they don't need to be used.**
Example: L'estate prossima andrò a Londra per un corso d'inglese
(se finisco in tempo gli esami).
L'estate prossima spero di andare a Londra per un corso d'inglese.

a. Resteremo un'altra settimana per visitare altri posti belli.

_____

b. Domani prenoterò il biglietto (se avrò tempo).

_____

c. Fra qualche giorno verrano a trovarci Marina e Aldo (così ci hanno detto).

_____

d. I cugini di Ernesto andranno in Francia per un bel po' (due mesi se possono).

_____

e. Farò il mio stage con una compagnia di viaggi (ho già scelto quale).

_____

f.   Verremo con voi in discoteca (se la baby sitter arriva in tempo).

     _____

g.   Risparmieremo di più quest'anno per comprarci una macchina nuova.

     _____

Exercise 7 ▶▶ Write to a friend about the wonderful tour of Italy you are about to make! Start your letter with *'Caro/a...'* and finish it with *'Bacioni. Tuo/a...'* Make sure that you cover the points below.

a.   how you will be travelling
b.   if you will be travelling alone
c.   what place you will visit first
d.   all the places you will be visiting
e.   how long you will stay in each place
f.   how long the trip will last
g.   when you will leave
h.   whether you will stay in hotels or other accommodation
i.   if you are booking everything in advance

Exercise 8 ▶▶ Make up a suitable question from the student/s going on placement for each of the answers below.
Example: Vi troveremo noi dove stare quando andrete ad Ancona.
Chi ci troverà un alloggio quando andremo ad Ancona?

a.   Dovrete fare le stesse ore d'ufficio degli altri impiegati.

     _____

b.   Pagherete solo per l'alloggio.

     _____

c.   Per questa volta rimarrete solo poche settimane.

     _____

d.   Ti daranno loro l'indirizzo della famiglia.

     _____

e.   Verremo volentieri a trovarvi in Italia se ci sarà tempo.

     _____

f.   Lo saprai presto se sei nella graduatoria finale o no.

     _____

Exercise 9 ▶▶ Change the following sentences by putting the verbs into the future or future perfect tense.

a. Le parlo domani quando si è calmata un po'.

   _____

b. A quale facoltà ti iscrivi quando hai preso il diploma?

   _____

c. Non possono lavorare se non hanno ottenuto il permesso di lavoro.

   _____

d. Che cosa vuoi fare quando hai finito il corso?

   _____

e. Smette di giocare solo quando ha perduto tutti i soldi.

   _____

f. Se non hai studiato non puoi passare l'esame.

   _____

g. Te lo riporto appena l'ho letto.

   _____

h. Vi danno un piccolo contributo spese se avete dimostrato buona volontà.

   _____

Exercise 10 ▶▶ Categorise the expressions in the box by listing them under the correct headings which follow.

> entusiasmo   ragioniere   segretaria di direzione   laureato   perito   discrezione
>
> disposto a viaggiare   istruttore   capacità organizzativa   autovettura propria
>
> geometra   esperienza nell'uso dei pc   dinamismo   consulente di vendita
>
> maturità classica   determinazione   responsabile d'amministrazione
>
> buona conoscenza di lingue europee

TITOLI DI STUDIO	TIPO DI LAVORO	QUALITÀ/ CARATTERISTICHE PERSONALI	INFORMAZIONI AGGIUNTIVE
_____	_____	_____	_____
_____	_____	_____	_____
_____	_____	_____	_____
_____	_____	_____	_____
_____	_____	_____	_____

Exercise 11 ▶▶ Write a letter applying for the job advertised below using relevant expressions from Exercise 10. Start your letter with 'Spettabile ditta' or 'Gentili Signori' and finish with 'In attesa di un vostro riscontro, vi porgo i miei più distinti saluti'.

> *AZIENDA FRANCESE PRESENTE SUL TERRITORIO ITALIANO DA OLTRE 5 ANNI CERCA DIPLOMATI PER LA PROMOZIONE A LIVELLO REGIONALE DI ARTICOLI DI CONSUMO INDUSTRIALE. ADDESTRAMENTO INIZIALE E INCENTIVI COMMISURATI ALLA CAPACITÀ ED ESPERIENZA SI OFFRONO.*
> *Inviare proprio curriculum dettagliato citando il riferimento DS-220 a CASELLA POSTALE 321/A – 20140 Milano.*

Exercise 12 ▶▶ In Italian, how would you . . .

a. say that next week you'll start your work placement in Italy?

b. ask two friends what they will do after finishing university?

c. ask a friend what will be the first thing s/he will eat when in Italy?

d. say to some friends that you will already have gone out by the time they come to pick Laura up?

e. ask at the post office how many days your letter will take to reach Rome?

f. say that you hope to stay away all summer?

g. say that you are a graduate with your own car and don't mind travelling?

Unit 10
Pronto? Mi senti?

Exercise 1 ►► Find the odd one out in these sets of words relating to the telephone.

a. occupata, disturbata, scarica, caduta
b. colpo di telefono, suono, squillo, telefonata
c. un po', un momento, attenda, un attimo
d. richiamare, riprovare, telefonare, rispondere
e. libera, ridotta, festiva, notturna
f. sbagliato, insolito, errato, incorretto
g. ritornare, rientrare, ricordare, rincasare

Exercise 2 ►► Find the Italian expression corresponding to those shown below.

a. telephone card   _____
b. telephone directory   _____
c. freephone number   _____
d. STD code   _____
e. national call   _____

f. yellow pages   _____
g. extension   _____
h. beep   _____
i. peak time   _____

prefisso   pagine gialle   segnale acustico

interurbana

carta telefonica

interno

numero verde

ora di punta

elenco telefonico

Exercise 3 ►► Find hidden in the grid the Italian words which correspond to the English ones below.

switchboard   message   line   telephone bill   call rate   free (line)
telephone subscriber   (on) hold   to put the receiver down   mobile
number   interference

M	Z	R	N	B	O	L	L	E	T	T	A
X	L	I	N	E	A	Y	X	K	J	V	T
O	Z	A	S	G	F	P	O	C	R	B	T
I	N	T	E	R	F	E	R	E	N	Z	E
G	P	T	L	D	I	A	K	L	W	U	S
G	Y	A	H	X	R	V	E	L	U	E	A
A	H	C	H	J	A	Z	Y	U	T	T	Q
S	X	C	E	N	T	R	A	L	I	N	O
S	B	A	J	F	C	I	T	A	Y	E	F
E	N	R	Y	L	I	B	E	R	A	T	X
M	Q	E	U	K	L	O	R	E	M	U	N

Exercise 4 ►► Use the correct form of the present conditional of *potere* in place of the underlined expressions.

a. <u>Avremmo bisogno di</u> chiederti un favore. _____
b. <u>Ti dispiace</u> portare anche Bianca alla festa?   _____
c. <u>Vi dispiacerebbe</u> usare l'altra porta? Fa freddo. _____
d. <u>Avrei bisogno di</u> fare una telefonata. Il mio cellulare è scarico.   _____
e. <u>Vi dispiace</u> andare via prima? Non mi sento bene. _____
f. <u>Avrebbero bisogno di</u> parlare con il proprietario. _____

Exercise 5 ►► **What would you say in situations like the ones below? Use the present conditional of *potere*.**
Example: Dei bambini giocano a palla sotto il tuo balcone e tu vuoi riposare.
Potreste andare a giocare più lontano/in un altro posto?

a. Un impiegato ti dà delle informazioni che vuoi scrivere ma non hai la penna.
_____

b. In stazione vuoi chiedere ad alcune signore dell'annuncio che non hai capito.
_____

c. A Ferrara chiedi ad un giovane indicazioni su come raggiungere l'albergo Eden.
_____

d. Al supermercato vuoi chiedere ad una commessa di prenderti il sapone che è su uno scaffale molto alto.
_____

e. Alla biglietteria chiedi l'orario del prossimo pullman per Metaponto.
_____

f. In aereo chiedi alla hostess di posarti il bagaglio a mano.
_____

Exercise 6 ►► **Make up questions that match the following answers.**

a. Sì, te lo passo subito. _____
b. Ciao, Emanuela. Sono io, Federico. _____
c. Penso fra una mezz'ora. _____
d. Sono l'Avvocato Ernestini. _____
e. No, ha sbagliato numero. _____
f. Va bene. Richiamo più tardi. _____
g. Sì, per favore può dirle che . . . _____

Exercise 7 ►► **Complete the sentences with *sapere* or *conoscere*.**

a. (Io) Non _____ quando finisce il concerto.
b. (Tu) _____ Sabrina, l'amica di Matteo?
c. (Lei) _____ Roma?
d. (Voi) _____ dov'è Via Nazionale?
e. (Voi) _____ qualcuno in questa città?
f. (Tu) _____ come arrivare al porto?
g. (Noi) _____ solo che arriverà domenica mattina.
h. (Noi) Non _____ nessuno che parli cinese.

Exercise 8 ▶▶ **Put the following dialogue in order. Begin with c.**

a.   La Signora rientra verso le cinque.
b.   Perché non prova a chiamarla al telefonino?
c.   Volevo parlare con la Signora Gloria.
d.   Potrei lasciarle un messaggio? È piuttosto urgente.
e.   Sono Monticchi dell'INAS.
f.   Buona idea. Potrebbe darmi il numero per favore?
g.   Al momento non c'è. Chi parla?

Exercise 9 ▶▶ **Make up questions using the words listed below, one of the verbs in the box and *potere* or *sapere*, as you think appropriate.**
Example: il pane (tu)   **Puoi passare il pane?**

passare giocare aprire guidare suonare cucinare venire telefonare

a.   spaghetti carbonara (tu)   e.   finestra (voi)
b.   il violino (Lei)   f.   concerto (Lei)
c.   a scacchi (tu)   g.   più tardi (Lei)
d.   la macchina (voi)

Exercise 10 ▶▶ **Fill the blanks in the article below with the following words.**

successo   per cento   in tasca   mercato   utenti   fissa   rapporto
telefonino   su sei   millennio   rete   attenzione

CELLULARI E TELEFONI FISSI, IL SORPASSO È ALLE PORTE

Private, competitive, mobili e globali. Sono questi i quattro aggettivi che caratterizzano il _____ delle telecomunicazioni mondiali in questo inizio di terzo _____, dove il sorpasso del numero di _____ di telefonia mobile rispetto alle linee fisse sta avvenendo proprio in questi giorni. A fare una fotografia sul settore, con una particolare _____ alla situazione dei paesi in via di sviluppo, è stata l'International Telecommunication Union (ITU) ... che in occasione della Conferenza di Istanbul ha presentato il _____ dal titolo 'World Telecommunication Development Report 2002: Reinventing Telecoms'. . . .

In esso si legge che con quasi un miliardo di utenti nel mondo, la telefonia mobile sta superando quella _____ proprio in queste settimane ... Il _____ del telefonino è difficilmente paragonabile con quello di qualsiasi altro prodotto: basti pensare che nel 1991 meno dell'1 _____ della popolazione mondiale aveva un _____ e solo un terzo dei paesi disponeva di una rete mobile. A dieci anni di distanza, sono oltre il 90 per cento i paesi con la _____ di telefonia cellulare e circa una persona _____ ha un telefonino _____.

(Adapted from 'La lettera finanziaria', *La Repubblica*,
www.repubblica.it, 2 April 2002)

Exercise 11 ►► Find in the article in Exercise 10 the Italian phrases that correspond to the following.

a. beginning   _____
b. land lines   _____
c. now   _____
d. give a picture   _____
e. developing   _____

f. entitled   _____
g. overtaking   _____
h. comparable   _____
i. one need only consider   _____
j. ten years on   _____

Exercise 12 ►► Read the article in Exercise 10 and indicate whether the following statements are true or false by circling either V (vero) or F (falso).

a. L'articolo descrive le telecomunicazioni come un mercato senza confini nazionali.   V/F
b. Un rapporto è stato redatto sulla situazione dei paesi in via di sviluppo.   V/F
c. I telefoni con linea fissa stanno aumentando.   V/F
d. È difficile pensare a un prodotto popolare quanto il telefonino.   V/F
e. In dieci anni un terzo della popolazione mondiale ha acquisito un telefonino.   V/F
f. Solo il 10% dei paesi del mondo non ha telefoni cellulari.   V/F

Exercise 13 ►► Match the questions on the left with the corresponding replies on the right.

1. Pronto. C'è Loredana per favore?
2. Michele?!?
3. Quando ritorna?
4. Posso parlare con Aldo?
5. Può ripetere per favore?
6. Ma Lei con chi voleva parlare?
7. Vuoi lasciargli un messaggio?

a. Certo. Arnaldi, Dottor Arnaldi.
b. Cercavo il Ragionier Mertilli.
c. Te lo chiamo subito.
d. No, richiamo dopo.
e. Come ha detto, scusi?
f. Mi dispiace, ma è uscita.
g. Più tardi, prima di cena.

Exercise 14 ►► In Italian, how would you . . .

a. ask a passer-by if s/he knows where the town centre is?   _____
b. say before an exam: I don't know anything?   _____
c. ask to speak to Valeria?   _____
d. say there is a bad line?   _____
e. ask if there is someone who knows English?   _____
f. ask if nobody is at home?   _____
g. ask politely to make a phone call?   _____
h. ask a friend to pass you one of the leaflets?   _____

Unit 11
A che ora ci vediamo?

Exercise 1 ▶▶ Complete each sentence by inserting the correct form of the verb in brackets.

a. Quanti giorni di vacanza ti _____? (rimanere)
b. Perché non _____ ancora un po'? (tu – restare)
c. Quando _____ a fare il loro 'stage'? (loro – andare)
d. _____ tutto il giorno a casa. (noi – rimanere)
e. Come _____? Mi hanno detto che non vi sentivate bene. (stare)
f. Se _____, dopo andiamo a prendere il gelato. (restare)

Exercise 2 ▶▶ Replace the underlined words in each sentence with a time expression, similar in meaning, which contains either *ogni* or *tutto* in some form.

a. Adesso ci vediamo <u>non solo il lunedì, martedì, mercoledì, giovedì, venerdì ma anche il fine settimana</u>!! _____
b. Siamo stati insieme <u>dalle 9 alle 13</u>. _____
c. Da anni andiamo a sciare nello stesso posto <u>e sempre a febbraio</u>. _____
d. Il picnic è durato <u>dalla mattina fino alla sera</u>. _____
e. Gioco a tennis con Manlio una volta la settimana, <u>sempre il martedì</u>. _____
f. Che bello! Quest'anno rimaniamo al mare <u>da giugno a settembre</u>. _____

Exercise 3 ▶▶ Make up questions that match the answers of this formal interview.

a. Vivo a Oxford dal 1975.   _____

b. Prima? Prima abitavo a Londra.   _____

c. No, sono di Nottingham.   _____

d. Per lavoro. Sono arrivata a Londra per   _____
    rimanerci tre mesi.
                                                    _____
e. Per dieci anni!!!
                                                    _____
f. A Nottingham?! No, non ci torno spesso.   _____

g. L'ultima volta è stato l'anno scorso.   _____

Exercise 4 ▶▶ Find hidden in the grid (in any direction) the Italian for the words below.

> **conference   to make (an appointment)   engagement   next   to get in touch collaboration   interesting   to contribute   secretary   boss**

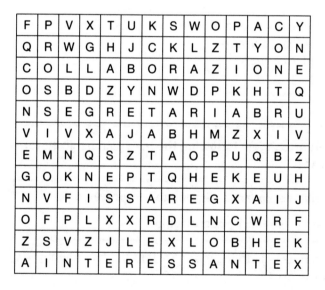

F	P	V	X	T	U	K	S	W	O	P	A	C	Y
Q	R	W	G	H	J	C	K	L	Z	T	Y	O	N
C	O	L	L	A	B	O	R	A	Z	I	O	N	E
O	S	B	D	Z	Y	N	W	D	P	K	H	T	Q
N	S	E	G	R	E	T	A	R	I	A	B	R	U
V	I	V	X	A	J	A	B	H	M	Z	X	I	V
E	M	N	Q	S	Z	T	A	O	P	U	Q	B	Z
G	O	K	N	E	P	T	Q	H	E	K	E	U	H
N	V	F	I	S	S	A	R	E	G	X	A	I	J
O	F	P	L	X	X	R	D	L	N	C	W	R	F
Z	S	V	Z	J	L	E	X	L	O	B	H	E	K
A	I	N	T	E	R	E	S	S	A	N	T	E	X

Exercise 5 ▶▶ Fill in the blanks with the missing time expressions.

mentre   ogni volta che   da quando   dopo che   prima di   tutto il   appena

a.   Ma come hai fatto ad arrivare _____ _____ me?!!
b.   Non _____ ci siamo lasciati, sono ritornato subito a casa.
c.   Hai notato? Parla sempre, anche _____ mangia!
d.   Non so se è vero amore, ma _____ _____ _____ lo vedo lo voglio baciare!
e.   Non ci parlano più. _____ _____ hanno vinto la lotteria ci snobbano.
f.   _____ _____ ha conosciuto Ben, è rimasta un altro mese in Scozia.
g.   In vacanza è sempre la stessa storia. Dorme _____ _____ giorno!!

Exercise 6 ▶▶ Put in order the following telephone conversation between Ingegner Santi and Architetto Ansaldi. Start with e.

a.   Va bene. Facciamo dopo pranzo allora.
b.   Ah, Ingegnere. La volevo proprio chiamare. Purtroppo no. Alle dieci devo andare dall'Avvocato Ferri.
c.   Uhm . . . alle tre ho la solita riunione settimanale. È possibile alle due e mezzo?
d.   Il problema è che porto un cliente fuori a pranzo.
e.   Allora, va sempre bene per giovedì mattina?
f.   E allora, facciamo prima dell'una.
g.   Vediamo un po'. Alle tre per me va bene.

Exercise 7 ▶▶ Now write two email messages, following the instructions given for each and using the words in the boxes.

Gentile   problema   cambiare   perché   impegno   improvviso Avvocato Ferri   vederci   pomeriggio

a.   First, Architetto Ansaldi writes a message to Ingegner Sarti to tell him about the change in their morning appointment.

Gentile   purtroppo   pomeriggio   riunione   per Lei   possibile   pranzo   verso le

b.   Second, Ingegner Sarti writes a reply suggesting the one time that they both can make.

Exercise 8 ▶▶ Complete the sentences by matching the two halves.

1. L'anno scorso ha studiato	a. che ti ha detto per prima cosa?
2. Da dieci anni vengono	b. fino alle 4. Poi sono uscita.
3. Chi è rimasto fuori	c. da molto tempo. Forse due anni.
4. Quando ti ha visto	d. ci hanno salutato.
5. Non lo sento	e. ogni giorno a trovarci alla stessa ora.
6. Prima di partire non	f. tutta la giornata ieri?
7. Ti ho aspettato pazientemente	g. come un pazzo per tre settimane, poi basta.

Exercise 9 ▶▶ Look at the description of the bus services provided at Milano Malpensa airport and answer the following questions.

Stazione ferroviaria
- Servizio Malpensa/Express – Ferrovie nord Milano – Da Milano/Cadorna a Malpensa Terminal 1 (percorrenza 40 minuti) con frequenza ogni 30 minuti. Prima corsa ore 05.50, ultima corsa ore 21.20.
  Da Malpensa Terminal 1 a Milano/Cadorna: prima corsa ore 06.45, ultima corsa ore 22.15.
- Servizi Ferrovie dello Stato – Da Milano/Centrale a Gallarate: prima corsa ore 07.30, ultima corsa ore 21.30 Da Gallarate a Milano/Centrale: prima corsa ore 05.54, ultima corsa ore 23.24. Da Milano/Garibaldi a Gallarate: prima corsa ore 05.05, ultima corsa ore 22.25. Da Gallarate a Milano/Garibaldi: prima corsa ore 05.30, ultima corsa ore 23.00.

Navetta
- Collega il Terminal 1 e il Terminal 2. Il servizio navetta è gratuito ed opera ogni 10 minuti dalle ore 05.30 alle ore 00.30 e ogni ora dalle 00.30 alle ore 05.30. Fermata presso arrivi (porta 6) e presso stazione ferroviaria.

Autobus
- Servizio Malpensa Bus Express – Milano/Centrale – Malpensa e vv.
  Da Milano/Centrale: prima corsa ore 05.10, ultima corsa ore 22.30. Da Malpensa: prima corsa ore 06.30, ultima corsa ore 23.50. Frequenza: ogni 20 minuti tutti i giorni.
- Servizio Malpensa Shuttle – Milano/Centrale – Malpensa e vv.
  Da Milano/Centrale: prima corsa ore 05.20, ultima corsa ore 22.30. Da Malpensa: prima corsa ore 6.40 ultima corsa ore 00.15. Frequenza: ogni 20 minuti tutti i giorni. Fermata presso Arrivi (porta 5).

a. Quanto tempo impiega il treno per arrivare a Milano?
b. Quale servizio opera la navetta?
c. Dove si può prendere questo mezzo?
d. A che ora parte la navetta dopo quella delle due e trenta del mattino?
e. In quali giorni si può prendere il Bus Express?
f. A che ora è il prossimo Bus Express per andare a Malpensa dopo quello delle sei e dieci del mattino?
g. A che ora parte il penultimo Shuttle per andare a Milano?

Exercise 10 ▶▶ Insert the verb given in brackets in the correct tense.
Example: Dopo la laurea _____ a lavorare qui nel 1980. (noi – venire)
Dopo la laurea **siamo venuti** a lavorare qui nel 1980.

a. È preoccupata. Da ieri non _____ email. (lei – ricevere)
b. _____ a telefonargli da stamattina alle otto! (io – provare)
c. Cosa dovete fare ancora, prima di _____? (partire)
d. D'inverno _____ a sciare tutte le domeniche. (loro – andare)
e. Quando _____ dalle vacanze, ho trovato 30 messaggi. (tornare)
f. Guarda sempre la TV mentre _____! (mangiare)

Unit 12
L'Italia multietnica

Exercise 1 ▶▶ Join each half sentence in A to its corresponding half in B by adding _di_ or _che_.

A
1. La nostra casa in collina è più vecchia
2. Vedere il gatto è stata più una sorpresa
3. È più facile parlare di emigrare
4. Gli studi universitari sono più difficili
5. I nuovi vicini di casa sono più estroversi
6. In Italia ci sono più immigrati adesso
7. Di solito gli immigrati hanno più problemi

B
a. curiosi.
b. trent'anni fa.
c. quella in città.
d. italiani.
e. uno spavento.
f. emigrare.
g. quelli scolastici.

Exercise 2 ▶▶ Replace the regular comparatives in the sentences below with their corresponding irregular ones, for example _migliore_ or _peggiore_. The first one is done for you.

a. Il tè in Inghilterra è più buono di quello in Italia.   Il tè in Inghilterra è **migliore** di quello in Italia.
b. La situazione economica mondiale è più brutta adesso.   _____
c. In Italia il tasso di natalità è più basso che in altri paesi.   _____
d. La Cina è la più grande esportatrice di riso in tutto il mondo.   _____
e. I servitori vivevano sempre ai piani più alti di un palazzo.   _____

Exercise 3 ▶▶ Find the odd one out in each line.

a. posto, laurea, diploma, titolo
b. occupazione, lavoro, istruzione, impiego
c. paese, patria, nazione, città
d. casa, abitazione, popolo, dimora
e. ditta, dipendente, fabbrica, impresa
f. scrivania, locali, vani, stanze

Exercise 4 ▶▶ Rewrite the sentences, following the example.
Example: Questo monumento è il più antico della Cina.
Ma pensa . . . il monumento più antico della Cina!!

a. Questo fiume è il più lungo dell'America Latina.   _____
b. Questo computer è il più piccolo del mondo.   _____
c. Questa chiesa è la più grande d'Europa.   _____
d. Questo quadro è il più caro del mondo.   _____
e. Questa città è la più ricca dell' Asia.   _____
f. Questo vino è il più forte del mondo.   _____
g. Questo piatto è il più piccante del Messico.   _____

Exercise 5 ▶▶ Solve the crossword below.

ORIZZONTALI

1. Ha un lavoro.
5. Gestisce un'impresa.
9. Luoghi di raccolta.
10. Specifica l'uso.
11. (Venditore) senza negozio fisso.
14. Fatto bene, con competenza.

VERTICALI

1. Risiede in un paese straniero.
2. Abitare.
3. Stanze.
4. Un diritto dei cittadini.
6. Impresa.
7. Fine della vita lavorativa.
8. Chi comanda.
12. Abbreviazione di nuovo, e.g. laureato.
13. Obiettivo.

Exercise 6 ▶▶ **Sort the adjectives into sets of simple, comparative and superlative. There are six sets altogether. The first one is done for you.**

Example: buono, migliore, ottimo

> migliore   minore   alto   inferiore   grande   basso   cattivo   supremo
> massimo   maggiore   pessimo   infimo   buono   piccolo   ottimo   peggiore
> superiore   minimo

Exercise 7 ▶▶ **Make up suitable questions for the answers below.**

a. Tra le due questa marca è la migliore.   _____

b. Quello rosso è il vino peggiore che
    abbia mai provato.   _____

c. Secondo me Sciascia è il più grande
    scrittore contemporaneo.   _____

d. La macchina di Giulio è senz'altro più
    piccola della tua.   _____

e. Oggi la temperatura più bassa si è
    registrata in Val Padana.   _____

f. Emanuele è il maggiore dei fratelli di
    Marina.   _____

Exercise 8 ▶▶ **Answer the questions as in the example.**
Example: Ma la sua macchina era poi così veloce?   **Sì, era velocissima!!**

a. Ma quel libro era poi così interessante?   _____
b. Ma quel film era poi così divertente?   _____
c. Ma il suo stipendio era poi così alto?   _____
d. Ma quegli esercizi erano poi così rilassanti? _____
e. Ma quel pianista era poi così bravo?   _____
f. Ma le sue lezioni erano poi così noiose?   _____
g. Ma quel divano era poi così comodo?   _____

Exercise 9 ▶▶ **Choose a suitable adjective from those below to fill in the blanks.**

preoccupante   facile   sufficiente   pazienti   analfabeti   clandestini   poveri

a. Nel nostro paese, prima di venire in Italia, eravamo molto _____.
b. Non c'era lavoro _____ per tutti. Per questo siamo emigrati.
c. Ma non siamo _____! Abbiamo una discreta istruzione.
d. Non è _____ abituarsi a costumi e abitudini di vita diversi.
e. Gli italiani sono molto _____ con noi.
f. Il numero degli immigrati _____ è purtroppo ancora elevato.
g. Per noi il problema più grave e _____ è trovare un lavoro fisso.

Exercise 10 ▶▶ **Look at the graphs below and answer the following questions.**

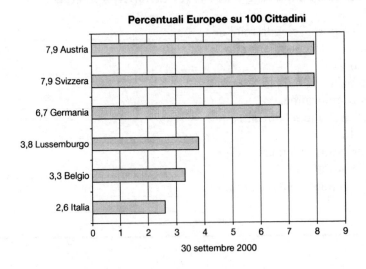

Percentuali Europee su 100 Cittadini

30 settembre 2000

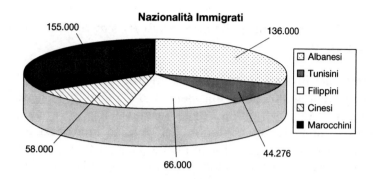

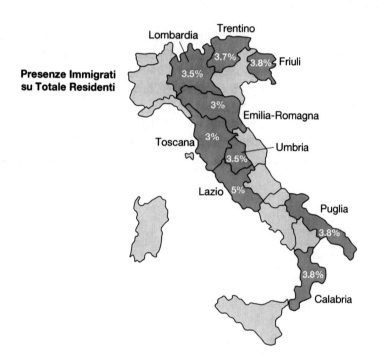

a. Chi ha la massima percentuale di immigrati in Europa? _____
b. Quale nazione ne ha il minor numero? _____
c. Da dove viene la maggior parte degli immigrati in Italia? _____
d. Qual è invece la nazionalità meno numerosa? _____
e. Quali regioni in Italia hanno il più basso tasso di presenze? _____
f. Quale invece ne registra la maggior percentuale? _____

Exercise 11 ▶▶ **Fill in the gaps in the article below using the information in the graphs of Exercise 10.**

In Italia ci sono un milione e 359 mila immigrati regolari. Pochi, pochissimi in percentuale rispetto agli altri paesi europei. Sono 2,6 ogni _____ italiani, contro il 7,9 dell'_____ e della _____, il 6,7 della Germania, il _____ del Lussemburgo e il 3,3 del Belgio. Sono i dati contenuti nel dossier immigrazione del Ministero dell'Interno aggiornati al _____. La comunità più nutrita è quella marocchina con _____ persone, seguita da quella albanese (136 mila), dalla filippina (_____), dalla _____ (58 mila) e dalla tunisina (44.276).

La regione con il più alto tasso di presenze straniere è il _____ dove la percentuale degli immigrati sul totale dei residenti è del 5%. Segue il Friuli Venezia Giulia, terra di transito degli arrivi dall'est e nuova frontiera d'ingresso per i curdi dopo la stretta dei controlli costieri messa in atto dalle forze dell'ordine in Puglia e Calabria, dove la percentuale raggiunge il 3,8%. Seguono il _____ con il 3,7%, la Lombardia e l'_____ con il 3,5%, l'Emilia Romagna e la Toscana con il 3%.

(Adapted from *La Repubblica*, www.repubblica.it, 29 January 2001)

Unit 13
Aaa affittasi appartamento

Exercise 1 ▶▶ Find hidden in the grid (in any direction) the Italian words which correspond to the English ones below.

to be rented	corridor	rooms	kitchen	parking space	living room	ceiling
rental	sale	laundry room	furnished	heating	contract	located

X	C	U	C	I	N	A	J	P	A	B	V	S	R
B	O	D	M	W	O	Z	V	X	M	J	E	H	C
H	R	I	S	C	A	L	D	A	M	E	N	T	O
K	R	J	O	R	H	A	L	H	O	C	D	U	N
O	I	U	G	A	K	V	N	T	B	U	I	Q	T
T	D	Q	G	F	J	A	F	F	I	T	T	O	R
I	O	K	I	Q	V	N	A	K	L	Q	A	F	A
S	I	L	O	C	A	D	B	J	I	Z	S	V	T
X	O	B	R	Y	Z	E	Z	V	A	N	I	J	T
A	K	B	N	H	E	R	K	L	T	V	K	X	O
S	J	S	O	F	F	I	T	T	O	L	H	P	A
P	O	S	T	O	M	A	C	C	H	I	N	A	D

Exercise 2 ▶▶ **Express the dates of birth of these famous Italian people in centuries. Follow the example.**

Example: Quando è nato . . . Dante? 1265   **Nel tredicesimo secolo o nel duecento.**

a. Boccaccio? 1313   _____   e. Canova? 1757   _____
b. Michelangelo? 1475   _____   f. Verdi? 1813   _____
c. Galilei? 1564   _____   g. Pavarotti? 1935   _____
d. Canaletto? 1697   _____

Exercise 3 ▶▶ **The text of this dialogue is all mixed up. Put the words underlined into the right places so that the text makes sense.**

A. Ieri sono andato a vedere un appartamento che <u>costava</u> proprio nel nuovo <u>bellissimo</u> che hanno finito di costruire.
B. Sarà stato <u>illustrativo</u>!
A. Fantastico. Dentro ha proprio tutto. Tutti i <u>forni a microonde</u> immaginabili. Dal <u>tostapane</u> alle <u>agenzie</u> elettriche.
B. E la cucina? Mi hanno detto che ci sono due <u>comfort</u>.
A. . . . e il <u>jacuzzi</u> e la lavastoviglie.
B. Hai chiesto quanto <u>compro</u>?
A. Lo sapevo già. Era scritto sul foglio <u>complesso</u> che mi hanno dato le due <u>serrande</u> immobiliari.
B. E allora?
A. Beh, se vinco la lotteria, lo <u>si vende</u> di sicuro.

Exercise 4 ▶▶ **Find the odd one out in each line.**

a. stabile, edificio, palazzo, villetta
b. pianoterra, cantina, soffitta, ripostiglio
c. contratto, affitto, caparra, inserzione
d. vasca, forno, bidet, lavandino
e. salone, box, postomacchina, garage
f. veranda, terrazza, finestra, balcone

Exercise 5 ▶▶ You want to rent a place in Italy for the summer and decide to ring an agency about a very unclear advert you have seen in the paper. What questions would you ask in relation to the following?

a. its precise location   _____   d. duration of let   _____

b. the number of rooms _____   e. nearby facilities   _____

c. extra features   _____   f. cost   _____

Exercise 6 ▶▶ Match the verbs on the left with the expressions on the right. Then make up sentences which describe in general terms all the things one has to do when buying a new house.
Example: **Si contatta un'agenzia immobiliare.**

1. contattare	a. con i vicini
2. vedere	b. a tutti il nuovo indirizzo
3. mettere fuori	c. la nuova casa
4. telefonare	d. il cartello di vendita
5. imballare	**e. un'agenzia immobiliare**
6. traslocare	f. case nuove
7. riordinare	g. un'agenzia di traslochi
8. comunicare	h. nella nuova casa
9. fare amicizia	i. tutte le cose

Exercise 7 ▶▶ **From the comments below guess where these people live, e.g. in the country.**

a. Io abito in uno stabile elegante, una zona residenziale ben servita da mezzi di trasporto pubblico per il centro. _____

b. Amo l'appartamento dove vivo perché è a due passi dai principali monumenti storici della città. _____

c. L'aria è così fresca. È elevato abbastanza da essere molto salubre e nello stesso tempo non troppo da rendere difficile lo scendere in città. _____

d. Bisogna amare il caldo, la gente e il nuoto, come me, per apprezzare una villetta in questa zona. _____

e. Pace e tranquillità sono le cose che ho sempre cercato venendo qua. Purtroppo oggi, specialmente la domenica, c'è un po' di confusione con la moda dei barbecue. _____

f. Di giorno si sta benone in pineta, di sera invece c'è freddo e accendiamo spesso il camino. _____

Exercise 8 ▶▶ **First read the description of the rooms in the apartment drawn below. What features in the drawing have been left out in the description?**

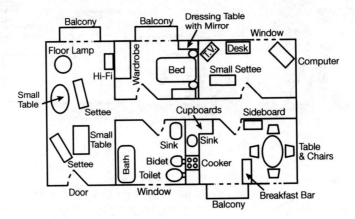

La porta d'ingresso si apre nel saloncino dove ci sono due divani, uno di fronte all'altro; un impianto hi-fi vicino al balcone; un tavolino accanto a ciascun divano e all'angolo una lampada a stelo.

La cucina è elegante. Il lato più vicino al balcone comprende tutti i servizi, l'altro lato la zona soggiorno con tavolo, sedie e una lunga credenza. Al centro della stanza per unire e dividere allo stesso tempo c'è una piccola penisola per gli spuntini veloci.

Il bagno è molto moderno con uno specchio molto grande sul lavabo e una cassettiera sotto. Sulla parete di fronte alla porta c'è un'ampia finestra. A destra la vasca da bagno fa anche da doccia.

Exercise 9 ▶▶ **Reorder the words below to make adverts that make sense.**

appartamento, si affitta, posto auto, zona residenziale, ammobiliato, di 120 mq, per un anno, con cinque posti letto, e

a.

con vista sul golfo, con alberi di frutta, al mare, in zona tranquilla, villetta, giardinetto, e, terrazza

b.

a due studenti max, modernamente arredato, monolocale luminoso, vicino zona universitaria, con balcone, affittasi, di circa 50 mq

c.

climatizzatori, in pieno centro città, video-citofono, appartamento di 200 mq, €100.000, con doppi servizi, e, veranda coperta, e

d.

prezzo trattabile, da ristrutturare, prossimità parco giochi, su due piani indipendenti, vendo, villa signorile, orto e ampio patio, zona Almeria

e.

Exercise 10 ▶▶ **Match the words/expressions on the left with their synonyms on the right.**

1. piena di comfort
2. ammobiliato
3. buone condizioni
4. temporaneamente
5. posizione panoramica
6. posto tranquillo
7. esigenze

a. con vista
b. per un breve periodo
c. zona appartata
d. arredato
e. bisogni
f. comoda
g. ottimo stato

Exercise 11 ▶▶ **For each word in the left-hand column choose the correct definition from a, b and c in the right-hand column.**

stato d'animo
a. pausa di riflessione
b. vita interiore
c. umore

avveniristico
a. del futuro
b. della carriera
c. di un mondo utopistico

sinergia
a. azione intelligente
b. azione di forza fisica
c. azione armonica

sensore
a. antenna
b. trasmittente
c. dispositivo per localizzare oggetti

viene voglia
a. ha un problema di pelle
b. desidera
c. arriva con entusiasmo

esemplare
a. campione
b. da copiare
c. primato

Exercise 12 ▶▶ **Here is an article by Antonio Leonardi, containing an interview with Massimiliano Fuksas, contemporary architect. The questions and answers don't match. Try and put the different bits in the correct order.**

Futurshow 3000
Parete, fatti più in là

Muri che si muovono a seconda dello stato d'animo dell'abitante o del numero dei suoi ospiti. A Bologna la casa del futuro secondo Massimiliano Fuksas.

di Antonio Leonardi

Direttore della sezione di architettura della Biennale di Venezia dal 1998 al 2001, Massimiliano Fuksas presenta al Futurshow, nella sezione Futurdesign 3000, una interpretazione avveniristica della casa prossima ventura. Non più pareti statiche, ma sinergie con i movimenti dell'uomo e le sue azioni.

1. Architetto, come sarà la casa del futuro?
a. 'Ma la tecnologia è già entrata. Siamo noi che dobbiamo uscire: il problema nei nostri appartamenti è di fare spazio e sistemare con ordine tutti gli elettrodomestici: TV, stereo, computer, tastiere, consolle per videogiochi . . .'

2. Spostare i muri? Perché?
b. 'Il lavoro dell'architetto non sparirà, ma si dissolverà . . . Mi pare che lo dicesse Totò a proposito della nebbia di Milano: c'è, ma nessuno la vede.'

3. Ma se i muri si sposteranno da soli, a cosa serviranno gli architetti?
c. 'No, non ancora. Ma penso che entro il 2005 vedremo i primi esemplari.'

4. Ci sono già progetti per realizzare case di questo tipo?
d. 'Piena di sensori che ci seguiranno ovunque, accendendo le luci, aprendo le porte e persino spostando le pareti a seconda dei momenti della giornata, delle nostre esigenze del momento e del nostro stato d'animo.'

5. Nel frattempo, come entrerà la tecnologia nelle nostre case?
e. 'Perché vivere sempre nelle stesse geometrie è noioso. A quanta gente viene voglia di cambiare, per esempio l'arredamento e la disposizione dei mobili? Bene, ora la tecnologia ci permetterà di cambiare la geometria stessa della casa.'

(Adapted from *L'Espresso* online, www.espressonline.it, 29 March 2000)

Exercise 13 ▶▶ Now read the reordered interview in Exercise 12 again and answer the following questions.

a. A che cosa serviranno i sensori? _____
b. Cosa immagina l'architetto di così diverso nelle nostre case? _____
c. In che modo cambierà il ruolo dell'architetto? _____
d. Quando saranno costruite le prime case così concepite? _____
e. Che cosa esiste già nei nostri appartamenti? _____

Exercise 14 ▶▶ In Italian, how would you . . .

a. say that your apartment dates from the eighteenth century (*essere di*)? _____
b. ask if the flat is in a residential area? in the country in a peaceful position? _____

c. say that you are looking for a house   _____
d. ask if the villa has a garage or a
    parking space?   _____
e. say that you have seen an ad for a
    furnished room?   _____
f. ask how much the deposit for the
    rent is?   _____

Unit 14
Vita italiana

Exercise 1 ▶▶ **Insert the correct question word selected from those in the box.**

che cosa   quando   dove   chi   come   perché

a. Mi domando _____ andrà ad abitare in quella vecchia casa.
b. Non hanno capito _____ dovevano andare.
c. Sapete _____ si gioca a briscola?
d. Vogliono sapere _____ non li abbiamo aspettati?
e. Hai sentito _____ hanno detto?
f. Ci telefonerà _____ potrà.

Exercise 2 ▶▶ **Choose the correct participle – present or past.**

a. Questo è senz'altro il biglietto vincente/vinto.
b. Ci ha raccontato una storia molto interessante/interessata.
c. Sono stati affascinanti/affascinati dal suo modo di fare.
d. Vi hanno allarmante/allarmato per niente.
e. La sconfitta è stata veramente umiliante/umiliata.
f. Il film che ho visto ieri era molto deprimente/depresso.

Exercise 3 ▶▶ **Solve the crossword by changing the clues from the *passato prossimo* into the *passato remoto*.**

ORIZZONTALI
1. Ho preso.
2. Ha dato.
5. È vissuto.
6. Ha scritto.
8. È morto.

VERTICALI
3. Ha fatto.
4. Ho perso.
5. Ha vinto.
7. Hanno detto.
9. Hanno deciso.
10. È nato.

Exercise 4 ▶▶ **In this article find expressions which are synonyms of those listed below it.**

Domenica, fuga dalla famiglia a caccia di sapori nuovi

Indagine di Meta: ognuno fa a modo suo ma la tavola della festa lascia il passo al girovagare per la città

di Michele Smargiassi

BOLOGNA – E il settimo giorno ciascuno fa a modo suo. I nonni tolgono dalla credenza le stoviglie buone, infornano la lasagna: divano, pantofole, parenti, vecchi sapori, chiacchiere, assaporare il tempo. I padri salgono in macchina e fanno rotta sul ristorante tipico: evasione, campagna, sapori nuovi, vecchi amici, riguadagnare tempo. I figli sciamano nella città deserta e mangiano quel che capita: divertimento, brunch, strani sapori, coetanei, perdere tempo. Tre domeniche non comunicanti per tre diverse tribù di italiani. Che il giorno del riposo non riunisse più le famiglie lo si sapeva. Che le dividesse tanto, sorprende.

Ma l'indagine 'Gli italiani a tavola: come cambiano le abitudini della domenica' realizzata da Meta Comunicazione non lascia spazio alla retorica del dì di festa. La spaccatura generazionale è evidente, materia di studio più per lo storico che per il sociologo: tre epoche della famiglia italiana si sovrappongono, quella tradizionale-contadina, quella nucleare-urbana, quella mutante-inquieta. Le risposte dei 640 italiani interpellati (40% donne, 70% urbanizzati) raccontano tre domeniche accomunate da una sola convinzione: che il giorno del non-lavoro è speciale, e va trascorso in modo speciale.

Per chi ha più di 50 anni la colonna sonora domenicale è il suono del campanello di casa. Arrivano i parenti, il gusto della festa è passare il tempo con loro (27%). Il bello del pranzo è il dopopranzo pantofolaio: pomeriggio davanti alla tivù.

Potrà sembrare bizzarro, ma il momento più avvincente della domenica dei papà (35–49 anni) è la colazione (27%). Abituati a un cornetto-cappuccino all'impiedi, l'uomo (la donna) in carriera rimpiange l'inizio soffice della giornata, il caffelatte coi biscotti, a sedere, in pigiama.

Non è la casa, però, il palcoscenico del relax. Domenica è sinonimo di 'uscire con gli amici' (23%), abbandonare lo scenario della routine casa-lavoro anche solo di qualche chilometro. L'eden della mezza età è la trattoria tipica fuori porta (25%).

Per loro che hanno fra i 20 e i 34 anni, più del che-cosa è importante il con-chi. I coetanei: sono loro (31%) il vero piacere della domenica. Come i loro genitori, amano vedere gli amici attorno a una tavola. Ma la loro non assomiglia per niente a quella dei papà. Cercano 'locali brunch' (32%) per consumarvi ovviamente 'un brunch' (29%).

Solo una cosa lega ancora le tre domeniche degli italiani. Una cosa molto italiana. 'Una buona bottiglia di vino' non può mancare sulle tovaglie ricamate dei nonni (27%), su quelle rustiche dei papà (27%), su quelle di carta dei figli (29%).

Brindisi a distanza nella diaspora della famiglia. Meglio che niente.

(Adapted from *La Repubblica*, www.repubblica.it, 26 November 2000)

a. si dirigono	_____	g. che attrae	_____
b. vanno in giro in gruppi	_____	h. veloce senza opportunità di sedersi	_____
c. qualsiasi cosa	_____	i. in periferia	_____
d. chi risponde a domande	_____	j. bisogna sapersi accontentare	_____
e. la musica di un film	_____		
f. pigro e rilassante	_____		

Exercise 5 ▶▶ **Reread the article in Exercise 4, then underline in this summary the statements which are false.**

L'indagine Meta ha scoperto che i vari componenti la famiglia italiana hanno idee completamente diverse su come trascorrere la domenica. Le preferenze diverse mostrano in modo evidente un grosso gap fra le generazioni, dai più vecchi con la loro voglia di evadere nella campagna ai più giovani che preferiscono rimanere nella città vuota.

I più anziani godono la domenica passando tutto il giorno davanti alla televisione, mentre la generazione della mezza età si rilassa meglio uscendo a mangiare con gli amici fuori casa. I giovani invece non si preoccupano del cosa mangiano ma del dove.

Nota accomunante nonostante le diversità è il consumo di vino durante il pranzo.

Exercise 6 ▶▶ Now answer these questions on the article in Exercise 4.

a. Che cosa cercano i padri la domenica?
b. Quale scoperta fatta dalla ricerca sorprende, secondo l'autore dell'articolo?
c. Qual è l'idea comune alle tre generazioni nonostante le differenze?
d. Che cosa fa più di tutto piacere ai nonni, la domenica?
e. Qual è la parte della domenica preferita dai padri?
f. Che cosa è importante per i giovani?
g. Perché sono diversi i tre tipi di tovaglie descritte?
h. Che cosa intende l'autore con 'diaspora della famiglia'?

Exercise 7 ▶▶ The answers to these questions are all in the form of present participles. The first letter has been given to help you.

a. Chi ha la più alta carica dello Stato in Italia? p_____
b. Che cosa fa Eros Ramazzotti? c_____
c. Che cosa erano Giuseppina e Napoleone? a_____
d. Se vai a scuola sei uno s_____
e. Per comprare il caffè al bar, è meglio avere del c_____.
f. Se non è una persona ben conosciuta, è solo un c_____.
g. Sugli aerei generalmente ce ne sono quattro di volo. a_____

Exercise 8 ▶▶ Put the following sentences into the past. Where the perfect (*passato prossimo*) has been used, use the pluperfect (*trapassato prossimo*).
Example: Non ricordo l'ultima volta in cui sono andato al cinema.
Non **ricordavo** l'ultima volta in cui **ero andato** al cinema.

a. Mi domanda in continuazione se ho deciso di smettere di lavorare.
   _____

b. Hanno portato il cane al parco e l'hanno fatto stancare troppo.
   _____

c. Non vuole dirmi dove ha parcheggiato la macchina.
   _____

d. Non possono rivelarci chi hanno visto.
   _____

e. Ha un ragazzo adorabile a cui non ha mai voluto bene.
   _____

f. Gli ho chiesto di spedirci le foto che ha fatto in vacanza.
   _____

Exercise 9 ▶▶ Here is a modern version of a well-known story. Put the verbs in brackets into either the _imperfetto_ or the _passato remoto_ as appropriate. The first one is done for you.

Geppetto (stare) **stava** salvando il file e stampando la prima parte della sua nuova pubblicazione a puntate: _Il cyber-burattino._

(essere) stanco e non (vedere) il messaggio che (essere) apparso sullo schermo del computer che (avvertire) gli utenti del pericolo di un nuovo virus. (andare) a letto e (dimenticare) il computer acceso. Al mattino quando (svegliarsi), (trovare) che ogni angolo dello studio (essere) pieno di pagine stampate. (guardare) sbalordito la stampante che (finire) di stampare l'ultima pagina di qualcosa che (sembrare) una storia. Ma sì... (essere) proprio la sua storia con tutti i personaggi che (avere) creato lui. Sorpreso e inquieto (cominciare) a leggere. 'Ma questo è proprio quello che (pensare) di scrivere io,' (dire). Nel frattempo sullo schermo (essere) apparso un altro messaggio per gli utenti: PERICOLO SCOMPARSO: PINOCCHIO DISTRUTTO. Geppetto non (capire). (avvicinarsi) al computer per cercare di capire che cosa (stare) succedendo, quando improvvisamente sullo schermo (apparire) un burattino che lo (salutare) sorridendo e che (sembrare) pronunciare qualcosa di familiare. Ma sì, (dire) proprio 'GEPPETTO ... GEPPETTO ...'

Exercise 10 ▶▶ Can you think of an ending to the story in Exercise 9?

Exercise 11 ▶▶ Complete the sentences below by matching the left-hand and right-hand columns. Then choose the correct verb form according to the meaning.

1. Capirà/Capirebbe di più
2. Hanno detto che
3. Potrai/Potresti comprare
4. Questa volta non potranno/potrebbero
5. Farò/Farei come vuoi
6. Prenderete/Prendereste le vacanze
7. Apprezzerei/Apprezzerò l'opera

a. all'inizio o alla fine dell'estate?
b. se mi darai un po' di tempo.
c. se capissi anche le parole.
d. quando crescerà.
e. il tempo migliorerà/migliorerebbe.
f. il giornale anche per me?
g. dire di no.

Exercise 12 ▶▶ Put the different parts of these Italian proverbs in the correct order and match them with the English translation.

1. uomo, mezzo, avvisato, salvato
2. vien, l'appetito, mangiando
3. morire, come, è, partire, un po'
4. la legge, trovato, fatta, l'inganno
5. vive, sperando, cantando, chi, muore
6. il dito, tra, non mettere, moglie e marito

7. si, sbagliando, impara
8. meglio, fidarsi, è, non, bello, fidarsi, è

a. Leaving is a bit like dying.
b. The appetite grows when you start eating.
c. Set the rules, find a way round them.
d. He who lives with hope, dies singing.
e. It's good to trust, but better not to.
f. One learns through one's mistakes.
g. Never interfere between man and wife.
h. A warned man is a man half-saved.

Unit 15
Scuola e università

Exercise 1 ▶▶ **Find the odd one out in each line.**

a. esame, ricerca, verifica, prova
b. laureato, studente, matricola, scolaro
c. credito, voto, punteggio, percentuale
d. professore, docente, insegnante, assistente
e. superare, conseguire, ottenere, acquisire
f. facoltà, corso, ateneo, università
g. esperto, tecnico, frammentario, specialistico

Exercise 2 ▶▶ **Fill in the blanks with the expressions in the box, making any necessary changes or additions. The first one is done for you.**

si deve   per via di   causato da   grazie a   a causa di   dipende da

a. **Grazie alla** riforma delle università avremo atenei più moderni.
b. Il calo nelle iscrizioni è spesso _____ test severi del numero chiuso.
c. La possibilità di trovare lavoro _____ sbocchi professionali delle facoltà scelte.
d. Molti studenti cambiano facoltà _____ difficoltà delle materie.
e. In Italia è più difficile per i giovani trovare lavoro _____ lunghezza dei corsi.
f. L'istituzione di corsi di laurea spesso originali _____ nuova autonomia didattica delle università.

Exercise 3 ▶▶ **Replace the expressions underlined with the corresponding gerund form in -ndo.**

a. <u>Visto che doveva</u> studiare tutta la mattina, Ornella ha deciso di uscire con Claudio nel pomeriggio. _____

b. <u>Poiché le università sono</u> più autonome, vengono offerte più lauree.
    _____

c. <u>Dato che adesso ci si laurea</u> dopo solo tre anni, si può anche incominciare a lavorare prima. _____

d. Credo che, <u>perché si tratta</u> di una nuova riforma, ci voglia tempo per abituarsi.
    _____

e. <u>Dopo aver considerato</u> anche Biologia, ci siamo iscritti a Medicina.
    _____

f. <u>Dal momento che ci sono</u> tante scelte, dovrebbe diminuire la percentuale degli studenti delusi. _____

g. <u>Siccome gli esami sono stati</u> sostituiti dalle verifiche, bisogna studiare tutto l'anno. _____

Exercise 4 ▶▶ **Read the text below and answer the questions that follow it.**

Alla Sapienza nasce un Master in 'immigrati'

L'Università La Sapienza promuove un Master in 'immigrati e rifugiati'. Il corso si propone di rendere più qualificata la capacità professionale di coloro che si occupano, a vari livelli e in varie funzioni, della comunicazione sui temi dell'immigrazione e dell'asilo politico. Il corso si struttura in un anno e sono previste diverse aree di specializzazioni e diversi moduli. Il monte ore complessivo è di 1500, di cui 400 per stage. Le ulteriori 1100 ore comprendono lezioni, esercitazioni, workshop; e di queste lezioni una parte potrebbe essere svolta attraverso videoconferenze.

Per il conseguimento del diploma è richiesto un totale di almeno 60 crediti (gli stage sono valutati da 10 a 15 crediti). I moduli basilari sono tre: i principali paesi d'origine dei migranti, l'Europa contemporanea e l'Italia oggi. Il terzo modulo comprende: normativa su immigrazione e asilo, religione, formazione professionale, enti locali, servizi, sociologia del lavoro, sistemi di elaborazione delle informazioni. Altri temi trattati saranno la comunicazione e gli immigrati, nozioni di economia, principi e fondamenti del Servizio Sociale. La tassa di iscrizione è di €2.250. Il Master offrirà borse di studio soprattutto per immigrati e rifugiati, tali da coprire il costo dell'iscrizione.

(Adapted from *La Repubblica*, www.repubblica.it, 12 August 2001)

a. Qual è l'obiettivo del corso?
b. . . . e come è organizzato?
c. Quale percentuale delle ore di studio occupano le esperienze di lavoro?
d. Spiega se la presenza a tutte le classi è obbligatoria.
e. Quali sono le materie del corso che coprono l'aspetto occupazionale?
f. Spiega il sistema di pagamento per il corso.

Exercise 5 ▶▶ Join the sentences in A and B using one of the expressions in the box. Use a different one for each sentence.

visto che   dato che   considerato che   dal momento che   poiché   per il fatto che

A
1. Perché non andiamo al cinema
2. Posso fare anche un mese intero di vacanza
3. Non voleva più vedermi semplicemente
4. Vorrei affittare una sala per la festa
5. In Italia spesso i giovani continuano a studiare
6. Dovresti studiare per lo meno tre ore al giorno

B
a. non ho ancora preso un solo giorno di ferie.
b. c'è poco lavoro.
c. stasera non c'è niente alla televisione?
d. gli esami sono molto difficili.
e. la stanza dove abito è molto piccola.
f. mi sono dimenticato il suo compleanno.

Exercise 6 ▶▶ Solve the crossword below.

ORIZZONTALI

1. Un cambiamento istituzionale.
5. Si prende dopo la laurea.
7. Si deve fare per ottenere crediti.
9. Esperienza di lavoro.
10. Un insegnante.
11. Sinonimo di indipendenza.
12. Sistema di scambio culturale.

VERTICALI

2. Studente che non si laurea in tempo.
3. Che dura due anni.
4. Studente al primo anno universitario.
5. Non ancora un professore.
6. Si studia durante un corso.
8. Università.

Exercise 7 ▶▶ **Complete the information below by inserting the words from the box.**

> studenti   superato   esperienze   laurea   abilitazione   chiuso   battono
>
> fisso   1999   docente   riforma   precedente   spezzata   matricole

a. Abilitati e contenti
Una volta ottenuta la laurea in Ingegneria, l'esame per l'_____ all'ordine non è quasi mai un problema. Nel 1999, su 14.311 candidati che si sono presentati, 13.579 hanno _____ l'esame.

b. Vincono le donne
A Scienze le donne _____ gli uomini. Nel 1999 si sono laureate 6.710 ragazze e 5.388 ragazzi. Inversi i rapporti numerici tra i due sessi nel corpo _____: le donne in cattedra sono solo il 20%.

c. Niente riforma
A Medicina la _____ è ancora ferma al rosso. Si tratta infatti di una disciplina che non può essere _____ nel 3+2. I vecchi diplomi universitari (tre anni) attendono di essere trasformati in lauree di base.

d. Agronomi erranti
Studiare Agraria favorisce le _____ di studio all'estero. Dodici _____ su mille nel 2000 hanno partecipato all'Erasmus.

e. Tutti al lavoro
Tre anni dopo la _____ l'84,5% dei ragazzi che hanno studiato Veterinaria ha trovato
un lavoro _____. Il dato è rilevato dall'ISTAT.

f. Il Test di accesso
La prima selezione per gli aspiranti architetti la effettua il numero _____: 7.564 su
12.209 candidati nel _____.

g. Matricole in calo
La facoltà di Farmacia ha sofferto molto il calo delle _____. Gli iscritti nel 1999–2000
sono stati 7.900, il 10,69% meno dell'anno _____.

(Adapted from *La Repubblica*, 7 July 2001)

Exercise 8 ▶▶ **Imagine you are carrying out an interview. What questions would
you ask to get the statements in Exercise 7?**

Exercise 9 ▶▶ **Complete each of the following comments with either** *suscitare*,
produrre, *portare a* **or** *provocare* **as you think suitable.**

a. Il numero chiuso _____ un calo nelle iscrizioni alle facoltà più affollate.
b. La riforma _____ non solo approvazione ma anche attacchi e reazioni negative.
c. Il progetto Erasmus non _____ nei laureandi italiani l'interesse sperato.
d. Gli esami di abilitazione _____ grosse apprensioni nei giovani laureati.
e. La non competitività delle università italiane _____ principalmente
    dall'inadeguatezza dell'insegnamento.
f. Questi cambiamenti _____ dalla necessità di modernizzare il sistema italiano.
g. La creazione del 3+2 _____ al nascere di idee nuove e bizzarre nelle lauree
    specialistiche.

Exercise 10 ▶▶ **Read the text below and then add the missing information to the
summaries of the changes that follow.**

Cambia anche la scuola?
Gli anni '90 saranno ricordati a lungo nella scuola italiana. Hanno visto cambiamenti
sostanziali come l'inserimento di moduli alla scuola elementare, la modifica dell'e-
same finale di maturità, e l'introduzione della autonomia didattica. Dal 2001 tutte le
scuole cominceranno ad essere autosuffcenti con responsabilità di autogestione
finanziaria e didattica, pur rimanendo naturalmente sempre in linea con gli obiettivi del
sistema nazionale. Con l'autonomia di gestione scolastica arrivano anche nuove possibilità organizzative, l'adozione di nuove tecnologie dell'insegnamento, l'introduzione di
discipline opzionali o aggiuntive.

L'ultima proposta di legge presentata, che dovrebbe segnare il maggior adeguamento ad una europeizzazione dell'istruzione, è quella che prevede il riordino completo dei cicli scolastici e cioè la scuola verrebbe divisa in due cicli di sei anni ciascuno: uno elementare, l'altro secondario.

I bambini inizierebbero la scuola a cinque anni e, mentre fino ad ora la scuola materna era stata un'opzione, adesso l'ultimo anno della scuola materna diventa obbligatorio. I sei anni delle secondarie saranno divisi in tre anni obbligatori alla fine dei quali i ragazzi all'età di 15 potranno lasciare la scuola dopo aver sostenuto un esame. Gli anni facoltativi delle superiori saranno quindi ridotti da cinque a tre e si orienteranno di più verso le scelte che gli studenti intendono effettuare all'università.

PRIMA DELLA RIFORMA

Asilo Nido
da un mese a tre anni

Scuola materna
da tre anni a cinque anni

Scuola elementare
Inizio: a sei anni
Durata: cinque anni

Scuola media obbligatoria
Inizio: a 11 anni
Durata: tre anni
Fine: a 14 anni

Scuola superiore
Durata: cinque anni

DOPO LA RIFORMA

Asilo Nido
da un mese a tre anni

Scuola materna
da tre anni a _____

Ciclo elementare
Inizio: a _____ anni
Durata: _____ anni

Ciclo secondario obbligatorio
Inizio: a _____ anni
Durata: _____ anni
Fine: a _____ anni

Ciclo secondario facoltativo
Durata: _____ anni

Exercise 11 ▶▶ Based on the content of the text in Exercise 10, make up six questions using the clues given for each. Then give your answers.

a. (periodo/importanza cambiamenti)
b. (ragioni)
c. (giustificazioni per le modifiche)
d. (chiarimenti sull'autonomia didattica)
e. (contenuto della proposta più recente)
f. (riassunto delle principali differenze)

Exercise 12 ▶▶ **Replace each form of *dovere* with the alternative given in brackets. In some cases you will need to change other parts of the sentence as well.**

a. Lo devo a te se mi sono laureata in tempo. (grazie a)   _____

b. Il tuo mal di testa è senz'altro dovuto a stress. (a causa di)   _____

c. Si deve alla televisione se l'italiano oggi è la lingua nazionale. (per via di) _____

d. L'esistenza di molti conflitti è dovuta alla sete di potere. (causato da)   _____

e. Molti malumori si devono al tempo atmosferico. (dipende da)   _____

f. Si deve allo studio la possibilità di migliorare la carriera. (per)   _____

g. Certi problemi di salute sono dovuti a diete sbagliate. (causato da)   _____

Unit 16
Innamorarsi su Internet

Exercise 1 ▶▶ **Find hidden in the grid the Italian words which correspond to the ones below.**

file   email   monitor   @   surfer   Internet   web page

communication technology   mouse   hand-held computer

address book   to chat

X	C	T	H	K	S	W	Y	G	J	Q	U	P	N	D	F
C	H	I	A	C	C	H	I	E	R	A	R	E	A	E	X
U	I	Q	T	U	H	Q	A	P	E	Y	Q	C	V	Z	P
P	O	S	T	A	E	L	E	T	T	R	O	N	I	C	A
Z	C	Z	Y	P	D	T	I	O	E	U	W	D	G	R	L
O	C	P	M	T	A	H	J	W	G	B	Y	S	A	Q	M
S	I	T	O	G	U	S	C	H	E	R	M	O	N	W	A
P	O	V	U	H	K	L	Z	Q	H	I	X	G	T	L	R
F	L	H	S	B	N	K	X	D	J	C	K	O	E	K	E
J	A	K	E	J	T	E	L	E	M	A	T	I	C	A	L

Exercise 2 ▶▶ Different people were asked the question: *'Che cosa pensate dei tele-fonini?'* Write a reply for each category, as in the example.

Example: (tutti) essere molto importante.   **Tutti pensano che siano molto importanti.**

a.   (i più anziani) aver cambiato i rapporti fra le persone.

   _____

b.   (i giovani) fare parte della vita quotidiana.

   _____

c.   (mamme) essere essenziale per tenersi in contatto con i figli.

   _____

d.   (gli insegnanti) essere utili ma andare bandito dalle lezioni.

   _____

e.   (uomini d'affari) essere meno costoso delle segretarie.

   _____

f.   (molti) dover essere vietato nei luoghi pubblici.

   _____

Exercise 3 ▶▶ Some of the sentences below could also be expressed in the subjunctive form. Change the verbs given, where appropriate.

a.   Mi sembra che la figlia andrà in Inghilterra il mese prossimo.   _____

b.   Lo so che è nuvoloso ma non penso che oggi pioverà.   _____

c.   Secondo Monica io passerei ore al computer!!   _____

d.   Ha detto che verrà solo se invitiamo anche Alessio.   _____

e.   Pare che Luigi si laureerà con 110 e lode.   _____

f.   Chi credete che vincerà la nuova Formula uno?   _____

g.   Pensa che quest'anno posso scegliere fra Roma e Firenze!   _____

Exercise 4 ▶▶ Match each sentence in A with one in B to form mini-dialogues.

A

1.   Il mondo diventa sempre più piccolo!

2.   Non si possono comprare tutti i nuovi programmi che escono.

3.   Il palmare è utile perché lo puoi mettere persino in borsetta.

4.   Con l'Internet si può mantenere meglio una lingua straniera.

5.   È proprio utile il cellulare! Così siamo sempre reperibili.

6.   Avere due linee telefoniche costa molto.

B
a. È vero! È comodissimo quando si viaggia.
b. Hai ragione. Basta un aereo o un computer e vai dove vuoi!
c. Non sono d'accordo. È importante aggiornarsi costantemente.
d. Non è vero. Oggi ci sono delle offerte speciali molto convenienti.
e. Sono d'accordo. Puoi leggere le ultime notizie, chiedere informazioni e tutto nella lingua straniera.
f. Non sono d'accordo per niente. A me non piace parlare con nessuno quando sono fuori.

Exercise 5 ▶▶ **Match each of the Italian verbs used in Internet chatrooms in the left-hand column to the corresponding explanation in Italian in the right-hand column. One is done for you.**

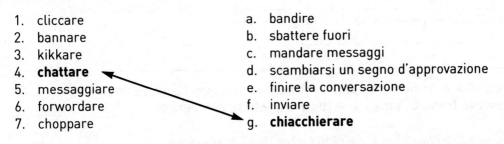

1. cliccare
2. bannare
3. kikkare
4. **chattare**
5. messaggiare
6. forwordare
7. choppare

a. bandire
b. sbattere fuori
c. mandare messaggi
d. scambiarsi un segno d'approvazione
e. finire la conversazione
f. inviare
g. **chiacchierare**

Exercise 6 ▶▶ **Find in this text the expressions borrowed from English which correspond to the Italian definitions given below.**

Come ti vendo musica nel mio cyber-negozio
La Siae: è caccia alla licenza per Mp3
Boom di richieste per aprire siti che vendono canzoni nel formato Internet. Dopo il far west degli esordi ecco le regole. (di Marco Preve)

ROMA – È bastato che la novità si diffondesse fra i navigatori della Rete e subito è scattata la caccia alla licenza. Quella per diventare proprietari di un negozio di dischi. Il music store virtuale è sempre stato a portata di mano grazie ai file audio che si possono scaricare dalla rete da diversi siti di tutto il mondo, ma era un affare pirata, vietato.
   Oggi invece tutto è stato regolamentato. La Siae ha emesso una licenza speciale grazie alla quale chiunque può aprire la sua bottega di dischi on line e vendere brani singoli o interi album, a patto che paghi i diritti d'autore. A Genova, dopo che la Siae locale ha pubblicizzato la novità, le telefonate sono arrivate a raffica. 'Chiamano in molti – spiega Renzo Bulian funzionario responsabile del settore telematico – si vede che c'è parecchio interesse per questa nuova frontiera commerciale'. Non si stenta a crederlo

leggendo le previsioni finanziarie per questo settore. Il commercio dei brani 'on line' passerà dall'attuale giro d'affari di 87 milioni di dollari alla stratosferica cifra di 5 miliardi di dollari nel 2005.

Tutto grazie a quella sigletta ancora poco conosciuta: Mp3. Ovvero una tecnologia inventata nel 1998 che consente di comprimere e decomprimere, caricandoli da Internet in pochi minuti, file audio che mantengono la qualità originale del suono su cd. Con un masterizzatore cd è possibile riprodurre un compact disc pirata (o legale seguendo la trafila Siae) perfetto, oppure prepararsi un album personalizzato con canzoni di cantanti diversi. Che la torta faccia gola a molti è confermato dalla sede nazionale Siae. 'Sono già stati chiusi i primi contratti – spiegano dall'ufficio stampa – e quindi fra pochissimo apriranno le prime società che potranno vendere musica sul web'.

a. rapido aumento economico   _____
b. luoghi degli Stati Uniti noti per il loro carattere selvaggio   _____
c. sistema di siti elettronici   _____
d. negozio di musica   _____
e. documenti salvati nei computer   _____
f. in rete   _____

Exercise 7 ▶▶ **Read the statements below on the text in Exercise 6 and indicate which are true or false by circling either V (vero) or F (falso).**

a. La Siae è un'organizzazione che dà il permesso di vendere musica
   via Internet.   V/F
b. È stato sempre possibile e legale vendere musica via Internet.   V/F
c. La Siae dà la licenza a chi paga una modesta cifra.   V/F
d. Il commercio musicale via Internet ha buonissime prospettive.   V/F
e. È possibile ottenere un suono fedele all'originale usando la nuova
   tecnologia.   V/F
f. Per ora la riproduzione sul masterizzatore CD è legale solo
   commercialmente.   V/F

Exercise 8 ▶▶ **Make up questions that match the answers of this formal interview. Vary the expressions you use, e.g. *Secondo Lei, Che ne pensa di, Le sembra che*.**

a. Penso che dipenda dall'età, ma in generale non credo che ai bambini faccia bene
   stare troppo al computer.
b. Nelle riunioni di lavoro, per esempio. Quando suonano di continuo, sono una
   grossa distrazione e poco rispettosi!
c. Secondo me non esiste più la privacy quando gli altri possono ascoltare la tua
   conversazione.

d. No, credo proprio che oggi non si possa fare a meno dell'Internet.
e. No, non ce n'è abbastanza. Mi sembra che ognuno possa vendere o pubblicizzare quello che vuole. C'è troppa libertà!
f. Sì, penso che siano tutte invenzioni importanti.
g. Ah, non lo so . . . e perché fermarsi comunque?!

Exercise 9 ▶▶ Complete the sentences with one of the expressions below.
Attenzione! **Some sentences have more than one possibility.**

hai ragione   condivido   sono d'accordo   ti sbagli   non sono d'accordo
non ci credo   non è vero

a. In Italia ci sono appena 30 milioni di abitanti.
    Guarda che _____; ce ne sono di più.

b. La televisione in Italia non è sempre molto seria.
    _____, alcuni programmi non sono fatti bene.

c. Ho letto che in Italia potrebbe tornare la monarchia.
    _____! Non avrebbero voluto nemmeno far rientrare i membri della vecchia famiglia reale.

d. L'Italia è uno dei paesi più ricchi di tesori d'arte nel mondo.
    _____ proprio _____. Basta pensare a Roma, Firenze e Venezia!

e. Molti politici verdi vorrebbero vietare del tutto alle macchine di circolare nelle città italiane.
    _____ con loro. L'inquinamento è terribile.

Exercise 10 ▶▶ Fill in the blanks with either the indicative or the subjunctive form of the verbs given in brackets, as appropriate.

a. Non so di sicuro. Hanno detto che _____ appena si liberano dall'impegno. (venire)
b. Ti sembra che questa mania dei telefonini _____ una buona cosa specialmente per i giovani? (essere)
c. Secondo una recente ricerca i ragazzi _____ con facilità dipendenti dai video o dai computer. (diventare)
d. Ora che funziona di nuovo, immagino che _____ spedirgli subito i dettagli con un email. (tu – volere)

e. Quale penso di comprare? Mah . . . per me una marca _____ l'altra. (valere)
f. Non penso che si _____ veramente fare i romantici in rete. È una cosa troppo impersonale. (potere)
g. Vi pare che la facilità di comunicazione _____ degli svantaggi? (avere)

Exercise 11 ▶▶ **Find for each icon its corresponding Italian computer term.**

> **tagliatesto   allegati   copia testo   invia   rispondi   salva   inoltra**
>
> **posta in arrivo   guida   elimina   nuovo messaggio**

a

b

c

d

e

f

g

h

i

j

k

Exercise 12 ▶▶ **Here are two typical email folders: 'In box' and 'Compose'. Fill in the numbered blanks, choosing among the words identified in Exercise 11.**

Cartella: (1.) _____

Da: ....
A: ....
Oggetto: ....
(2.) _____   (3.) _____   (4.) _____   Chiudi

Cartella: (5.) _____

	Elenco Indirizzi
A:	
CC:	
Oggetto:	
(6.) _____: Aggiungi/Modifica	
(7.) _____ (8.) _____	Annulla

Exercise 13 ►► Reorder this series of muddled up instructions on how to send an attachment.

a.   Fai clic su Sfoglia per selezionare il file.
b.   Per allegare un file al tuo messaggio, segui i due passaggi elencati
c.   Gli allegati vengono sottoposti automaticamente alla scansione antivirus.
d.   Sposta il file nella casella Allegati facendo clic su Allega.
e.   ripentendoli se necessario, per allegare più files.
f.   Il trasferimento del file può variare (da 30 secondi fino a 10 minuti).
g.   Al termine fai clic su OK per tornare al messaggio.

Unit 17
Gli italiani? Pizza e Mafia

Exercise 1 ▶▶ **Insert the answers to these questions on Italian stereotypes in the crossword below.**

Secondo quanto si crede comunemente:

ORIZZONTALI
1. che cosa amano tutti gli italiani?
3. a che cosa tengono tutti gli italiani?
4. come vestono tutti gli italiani?
7. dove vanno gli italiani ogni domenica?

VERTICALI
2. come sono gli uomini italiani?
5. che cosa mangiano gli italiani ogni giorno?
6. chi visitano almeno una volta la settimana?
8. come sono tutte le donne italiane?

Exercise 2 ▶▶ **Answer the following questions using** *È possibile/probabile che* **+ subjunctive.**

Example: Gli italiani possono aumentare le vendite dei loro prodotti all'estero?

È possibile che gli italiani aumentino le vendite dei loro prodotti all'estero.

Gli italiani possono . . .

a. migliorare il loro modo di guidare?   _____

b. parlare a voce più bassa?   _____

c. ridurre la quantità di pubblicità televisiva?   _____

d. aumentare le attrezzature turistiche del Sud?   _____

e. snellire il sistema burocratico?   _____

f. diminuire il numero dei disoccupati?   _____

g. promuovere di più la loro cultura all'estero?   _____

Exercise 3 ▶▶ **Find in this article expressions which are synonyms of those listed below it.**

> **ventirighe di Curzio Maltese**
> Lo scontento degli italiani –
>
> Michele Serra si domandava qualche giorno fa su *La Repubblica* le ragioni del malcontento degli italiani. In fondo, sostiene non a torto, gli italiani dovrebbero essere felici. Ci è andata bene. Siamo un paese ex povero e siamo diventati la quinta o la sesta potenza industriale del mondo. Perché allora quell'esibizione di risentimento e aggressività, quella lagna infinita di chi vorrebbe sempre essere altrove e magari altro da sé? Al di là dei toni più o meno esortativi di Serra a essere buoni e gentili, l'osservazione è giusta. Bisognerebbe chiedersi la ragione di tanto disagio. Un disagio profondo, che non si esprime soltanto nell'incazzatura perenne, ma anche in dati più inquietanti, come il dilagare della depressione che ormai colpisce un italiano su quattro. L'Italia ha fatto più progressi di qualsiasi altro paese dal dopoguerra a oggi. Ma forse è anche quello che ha pagato il pedaggio più alto alla società di massa. Siamo un paese di insoddisfatti perché i modelli, gli stili di vita che inseguiamo sono irraggiungibili. Siamo il paese del milione di spot all'anno, del consumismo più smemorato e sfrenato, dell'ossessione per la bella figura, della moda e delle mode, dell'imitazione di massa dei cosiddetti Vip. Siamo l'unica democrazia dove milioni di elettori riescono a identificarsi con l'uomo più ricco del paese e forse d'Europa. Se il segreto della felicità è saper desiderare le cose che già si hanno, gli italiani sembrano aver scoperto l'infallibile metodo per essere infelici. Desiderare sempre e comunque quello che non si ha, ciò che non si è, e quando lo si è raggiunto, spingere in là il desiderio, verso altre insoddisfatte mete.
>
> (Adapted from *La Repubblica*, www.repubblica.it, 22 November 2000)

a. insoddisfazione   _____   g. diffondersi   _____
b. mostra   _____   h. tributo   _____
c. differente   _____   i. difficili da ottenere _____
d. incoraggianti   _____   j. ostentazione di benessere _____
e. scontentezza   _____   k. che non sbaglia mai _____
f. arrabbiatura   _____

Exercise 4 ▶▶ **Read the article in Exercise 3 and indicate whether the following statements are true or false by circling V (*vero*) or F (*falso*).**

a. Maltese ritiene che gli italiani siano sempre aggressivi.   V/F
b. L'autore è d'accordo con il suo collega nel giudizio sugli italiani.   V/F
c. È preoccupante che un terzo degli italiani sia depresso.   V/F
d. Gli italiani sono insoddisfatti perché sono sfrenati nei loro desideri.   V/F
e. Gli italiani hanno un metodo infallibile per essere felici.   V/F
f. Il problema degli italiani è desiderare quanto è impossibile avere.   V/F

Exercise 5 ▶▶ **In this summary of the article from Exercise 3 put the verbs in brackets in the indicative or subjunctive mood as required.**

Il giornalista è d'accordo con Michele Serra sul fatto che gli italiani _____ (sembrare) sempre malcontenti. Benché gli italiani _____ (avere) acquistato un notevole benessere come nazione, sembra che non _____ (volere) smettere di lamentarsi. È certo che l'aumento nei casi di depressione _____ (venire) proprio dal senso di disagio che _____ (manifestare) costantemente. Per quanto l'Italia _____ (progredire) forse più rapidamente di altri paesi, nella società italiana _____ (rimanere) un senso di profonda insoddisfazione. Maltese è certo che la ragione di ciò _____ (essere) il perseguimento di obiettivi, cioè modelli e stili di vita difficili da raggiungere.

Exercise 6 ▶▶ **Rewrite the sentences below, expressing a different opinion on the ways of the Italians, using the words in brackets. Start each sentence with *pensavo/ritenevo/mi sembrava che* and the imperfect subjunctive, as in the example.**
Example: Frequento un ragazzo italiano che ha sempre un'aria così triste! (allegri)
Strano! Credevo che tutti gli italiani fossero sempre allegri.

a. Durante il mio stage ho conosciuto molti ragazzi italiani che erano figli unici. (molti figli) _____

b. A Dino piace molto cantare. Peccato che è proprio stonato! (cantare bene) _____

c. I cugini di Alessandro corrono a chiudersi in camera appena arriva qualcuno a casa loro. (amichevoli) _____

d. Andrea è così timido! Non riesce a chiedere a Giorgia di uscire con lui. (latin-lover) _____

e. Appena si dice a Sergio di andare al mare, inventa un milione di scuse. (amare il mare) _____

f. Vedo sempre anche tanti adulti servirsi dei ristoranti fast-food. (mangiare in modo sano) _____

g. Dobbiamo sempre chiedere a Gabriele di ripetere tutto due volte. Per sentirlo ci vuole l'apparecchio acustico! (parlare a voce alta) _____
_____

Exercise 7 ▶▶ Now rewrite the sentences you made up in Exercise 6, this time omitting *credevo* etc. and instead using *non è vero* and the present subjunctive.
Example: Strano! Credevo che tutti gli italiani fossero sempre allegri.
Non è vero che tutti gli italiani siano sempre allegri.

Exercise 8 ▶▶ Complete the sentences by joining the two halves, using the words in the box.

purché   nonostante   a condizione che   benché   per quanto   a meno che

1. Pavarotti ha trovato il successo cantando
2. Boccelli ha una grandissima popolarità
3. All'inizio del secolo le ragazze al Sud uscivano solo
4. I genitori italiani non incoraggiano i figli a lavorare
5. I corsi di laurea italiani durano adesso tre anni
6. L'Italia è la sesta potenza mondiale

a. continuino a studiare.
b. volesse fare il calciatore.
c. fossero accompagnate da altri membri della famiglia.
d. sia cieco.
e. si pensi che gli italiani amino il dolce far niente.
f. non si studi medicina, ingegneria o architettura.

Exercise 9 ▶▶ **What questions would the interviewers have asked these young people in order to compile this report? The ten main areas to cover are listed below.**

Identikit dei figli del 'made in Italy'

ROMA – Non leggono i giornali e non amano nemmeno i libri, non si interessano di politica, non partecipano a manifestazioni e cortei e prima di ogni altra cosa mettono l'amicizia. Fumano sigarette e consumano droghe leggere, ma non bevono troppi alcolici. Cominciano a fare sesso attorno ai vent'anni, non credono nel matrimonio (né religioso, né civile), ma tornano ad andare in chiesa. Non lavorano e non guadagnano e fino anche a trent'anni stanno a casa con i genitori, molti mostrano disagi e depressione e per questo aumentano in modo impressionante suicidi e episodi di piccola e grande criminalità. Signori, ecco lo scenario e l'identikit dell'ultima generazione italiana, cioè bambini, adolescenti e giovani, passati sotto la lente d'ingrandimento di una indagine condotta dall'Istituto degli Innocenti di Firenze, dal Ministero degli Affari sociali e dalla Presidenza del Consiglio dei Ministri. In un centinaio di pagine ecco luci e ombre, disagi e tendenze, cambiamenti di costume e curiosità dei più giovani italiani: nel 1951 la fascia 0–14 anni rappresentava il 27 per cento del totale della popolazione mentre oggi è del 16,7 per cento.

Primo dato, allarmante: sono in aumento i suicidi e di conseguenza disagi giovanili, depressione e problemi di relazione. Negli ultimi cinque anni si è infatti passati da 11,6 casi su un milione a 23 casi di oggi. E rispetto al totale complessivo delle persone che hanno scelto (o tentato) di togliersi la vita, il 4,1 per cento erano dei minorenni. Oltre al rapporto del Ministero, ce n'è un altro, condotto dal settimanale la *Voce del Popolo*, secondo il quale i giovani cattolici che vanno regolarmente a messa aspettano di aver compiuto 23 anni per il primo rapporto sessuale, mentre quelli che non ci vanno 'praticamente mai' li precedono di ben quattro anni. Vivono a casa con mamma e papà il 98,1 per cento dei giovani tra i 18 e i 19 anni, l'88 per cento di quelli che hanno un'età compresa tra i 20 e i 24 e il 54 per cento di quelli che ne hanno già compiuti 29.

I giovani non si sposano: sono sì tradizionalisti, ma il rapporto dice che l'età media del primo matrimonio è attorno ai 26 anni e mezzo per le femmine e addirittura 29 per i maschi.

I ragazzi hanno stilato questa classifica: famiglia e amicizia pressappoco sullo stesso piano, poi ci sono lo sport, il computer e i videogiochi, mentre giù giù nelle preferenze dei teenager nazionali figurano giornali e libri. Oltre la metà degli adolescenti italiani, inoltre, vede la televisione dalle due alle quattro ore al giorno e una percentuale del 30 per cento per più di 4 ore.

Nonostante le campagne antifumo che arrivano da tutto il mondo, sono in crescita i fumatori, mentre non 'attirano' più tanto alcolici e superalcolici, il consumo dei quali risulta scendere gradualmente.

Il cinquanta per cento dei ragazzi interpellati hanno risposto non solo che non parlano mai di politica, ma anche che solamente uno di loro su quattro ha partecipato a un corteo oppure a una manifestazione.

(Adapted from *La Repubblica*, www.repubblica.it, 11 February 1998)

a. letture/passatempi _____   f. rapporti sessuali _____
b. politica _____   g. matrimonio _____
c. fumo _____   h. religione _____
d. droga _____   i. abitazione _____
e. alcol _____   j. lavoro _____

Exercise 10 ▶▶ Now try and explain, in Italian, in your own words, the following expressions from the article in Exercise 9.

a. prima di ogni altra cosa mettono l'amicizia   _____
b. aumentano in modo impressionante   _____
c. passati sotto la lente d'ingrandimento di una indagine   _____
d. ecco luci e ombre   _____
e. sono sì tradizionalisti, ma   _____
f. hanno stilato questa classifica   _____
g. ragazzi interpellati   _____

Exercise 11 ▶▶ Find the opposite (opp.) or the synonym (syn.) of these words from the article in Exercise 9, as specified.

a. depressione   (opp.)   _____
b. impressionante   (opp.)   _____
c. condotta   (syn.)   _____
d. tendenze   (syn.)   _____
e. allarmante   (syn.)   _____
f. complessivo   (opp.)   _____
g. minorenne   (opp.)   _____
h. addirittura   (syn.)   _____
i. pressappoco   (syn.)   _____
j. gradualmente   (opp.)   _____

Exercise 12 ▶▶ **Reread the article in Exercise 9 and answer the following questions.**

a. Di quanto è diminuita la percentuale degli adolescenti (0–14 anni) rispetto alla popolazione, dal 1951?

b. Qual è l'elemento più preoccupante che l'indagine rileva e perché?

c. Che cos'è la *Voce del Popolo* e che cosa ha fatto?

d. A che cosa tengono più di ogni altra cosa i giovani?

e. Qual è la percentuale (in numeri) di adolescenti che guarda la TV dalle due alle quattro ore al giorno?

f. Secondo l'indagine, quale dato è in rassicurante diminuzione?

Unit 18
Andiamo al cinema?

Exercise 1 ▶▶ Answer the following questions.

a. Quale parola corrisponde a 'sconto' quando si parla di biglietti per il teatro o il cinema? _____

b. Che parola si usa in italiano per dire che a teatro non ci sono posti liberi?

_____

c. Che cosa appare di solito sullo schermo se il film è straniero?

_____

d. Dove si trovano generalmente i posti più economici a teatro?

_____

e. Dove siederesti per poter vedere bene uno spettacolo?

_____

f. Nomina per lo meno tre tipi di spettacoli che si possono vedere a teatro.

_____

Exercise 2 ▶▶ Find words which correspond to the definitions below.

a. Il personaggio più importante di un film.
b. Chi dirige un film.
c. Un film è formato da una serie di . . .
d. Chi scrive commenti sui film.
e. Chi va a vedere i film.
f. Un attore agli inizi della carriera ma già bravo.
g. La prima recita di un attore.

Exercise 3 ▶▶ For each of the endings below find at least three adjectives which express feelings and emotions.
Example: -ante/-ente   **commovente, deludente** and so on.

a. -ante/-ente   _____
b. -oso   _____
c. -ale/-bile/-evole   _____
d. -ico   _____

Exercise 4 ▶▶ What comments would you make in the circumstances given below? Choose one or more suitable exclamations.

> **Pazienza!   Che disastro!   Splendido!   Che nervi!   Meno male!   Grazie a Dio!**
>
> **Magnifico!   Che rabbia!   Che delusione!   Che noia!   Non importa!**

a. La tua squadra di calcio ha perduto proprio negli ultimi minuti della partita.
b. Non hai alcun programma e non hai niente da fare.
c. La stanza dove hai dimenticato la finestra aperta è allagata.
d. Il giorno dopo che hai comprato un maglione la tua amica ti dice che lo hanno scontato ma a te piace tanto e lo avresti comprato lo stesso.
e. Sei riuscito ad ottenere due posti di prima fila per la tua opera preferita.
f. Hai saputo di un grosso incidente che è successo sulla strada da cui sei appena ritornato.
g. Ti aspettavi che la famosa polenta fosse molto più saporita.

Exercise 5 ▶▶ Find the odd one out in each line.

a. palco, pubblico, loggione, platea
b. deludente, noioso, banale, interessante
c. spettatore, trama, scena, fine
d. comico, giallo, critico, storico
e. regista, interprete, personaggio, protagonista

Exercise 6 ▶▶ Following the example shown, alter the sentences below by including the words in brackets and making the required changes to the words underlined.
Example: Non ho ancora avuto una parte importante in un film! <u>Forse succederà</u> presto.
(io – augurarsi)
Mi auguro che succeda presto.

a.   Sono circa due mesi che non va al cinema. <u>Ci va</u> domani. (io – essere contento)

_____

b.   Siamo proprio sfortunati. Hanno appena messo il cartello 'tutto esaurito'. <u>Forse lo potremo</u> vedere domani. (noi – sperare)

_____

c.   Ancora non riesco a seguire bene i film in italiano senza sottotitoli. <u>Forse ci riuscirò</u> fra qualche mese. (io – augurarsi)

_____

d.   Fino a quando non si è famosi, non <u>si guadagna</u> poco facendo l'attore. (io – temere)

_____

e.   Domani giocano la Fiorentina e il Milan. <u>Vincerà</u> la Fiorentina. (noi – sperare)

_____

f.   'Mi hanno detto che _Romeo e Giulietta_ dura molto.' 'Eh, sì. <u>Dura</u> più di due ore.' (io – aver paura)

_____

_____

Exercise 7 ▶▶ Put the jumbled story of this famous film in the correct order and guess its title.

a.   La vita procede tranquilla; rivediamo Guido e Dora alcuni anni dopo verso la fine della guerra, quando la famiglia è già cresciuta con l'arrivo di Giosuè.

b.   È sempre allegro, ama i rebus e gli anagrammi, e ha un atteggiamento positivo verso la vita. Per questo non si arrende quando incontrando la donna della sua vita la trova fidanzata. Dora diventerà sua moglie.

c.   Guido sfortunatamente muore poco prima della liberazione dell'Italia dai tedeschi ma il bambino viene salvato da un 'carro armato' che lui giustamente crede sia il suo meritato premio.

d.   E il bambino gli crede e vive nella speranza del premio finale.

e.   Ma il destino è crudele. Giudo ha origini ebraiche e viene arrestato insieme a Giosuè. Quando Dora lo scopre si fa arrestare anche lei per stare vicino ai suoi.

f.   Verrà ben presto ricongiunto alla madre anch'essa liberata dopo la sconfitta dei nazisti.

g.   Guido, un simpaticone, estroverso e burlone, decide di trasferirsi in città per lavorare come cameriere nell'albergo dello zio.

h.   Maschera così la loro prigionia dietro la simulazione di un gioco in cui il vincitore riceverà in premio un carro armato.

i.   Cominciano i tempi duri del campo di concentramento. Guido però non vuole che Giosuè cresca portando dentro di sè le cicatrici dell'odio e del risentimento.

Exercise 8 ▶▶ Reread the text in Exercise 7, now in the right order, and indicate which statements are true and which are false by circling V (*vero*) or F (*falso*).

a. A Guido non piacciono i giochi di parole.	V/F
b. Guido lotta per sposare Dora.	V/F
c. Diventano tutti prigionieri dei nazisti.	V/F
d. Giosuè crede che il padre gli comprerà un carro armato.	V/F
e. Guido si preoccupa dell'effetto che la prigionia avrà sul figlio.	V/F
f. Guido ritorna a casa verso la fine della guerra.	V/F
g. La madre libera il figlio dopo la sconfitta dei nazisti.	V/F

Exercise 9 ▶▶ Try and define the following types of films in no more than 20 words each.

a. giallo
b. di fantascienza
c. storico
d. romantico

e. drammatico
f. comico
g. dell'orrore

Exercise 10 ▶▶ Study the advert below and answer the questions that follow.

a. Qual è il nome del teatro e dello spettacolo?
b. Di che tipo di spettacolo si tratta?
c. A che ora è lo spettacolo durante la settimana?
d. Se voglio informazioni quando posso telefonare la domenica?
e. Se ho un computer che servizi posso ottenere?
f. Se voglio pagare il prezzo speciale che devo fare?

Exercise 11 ▶▶ Fill in the blanks in the short biography of this famous film star with the words given below and guess who he is.

> fantascienza   uscito   celebre   crisi   membro   successi   nato
>
> interpretato   esordiente   epoca

È _____ il 18 febbraio del 1954, ama guidare aerei al punto da chiamare il figlio Jet. È un devoto _____ di Scientology. Diventato _____ giovanissimo ballando come un matto, crescendo si è fermato, è ingrassato ed è entrato in _____. L'ha ripescato dal cono d'ombra Quentin Tarantino nel 1994, con un film che ha fatto_____. Da allora non ha fatto che collezionare _____. Un solo rimpianto: non aver mai _____ un film di _____. E allora eccolo malvagio extraterrestre nel film dell'_____ Roger Christian *Battaglia per la terra*, _____ in Italia nel maggio del 2000.

(Adapted from *L'Espresso*, 27 April 2000)

Exercise 12 ▶▶ Reread the biography in Exercise 11 and make up at least ten questions on its content. The answers must be clearly contained in the text.

Exercise 13 ▶▶ Fill in the blanks with the correct verbs, chosen from those in brackets.

a. Io non _____ che guardare un film col video a casa sia lo stesso che vederlo al cinema. L'atmosfera al cinema è diversa . . . più intensa. (credere – temere)
b. Tutti gli _____ di avere un grande successo e anch'io, ma per lui sarà dura. (augurare – essere contento)
c. _____ che tu l'abbia presa male! Ma io non vado mai alla prima dei miei amici per scaramanzia. (aver paura – dispiacere)
d. Certo che _____ di aver studiato Filodrammatica! Non avremmo voluto nessun'altra carriera. (essere contento – essere appassionato)
e. _____ che tu possa realizzare il tuo sogno come è successo a noi! (pensare – sperare)
f. Non _____ che ti piacciano davvero i film dell'orrore. Non hai fatto altro che stringermi la mano per tutta la durata del film. (essere convinto – temere)

g. A me invece non _____ di essere arrivato tardi. All'inizio c'è sempre tutta quella pubblicità che mi dà un fastidio. (dispiacere – credere)

Exercise 14 ▶▶ Reorder the words below to make a complete sentence in each case.

a. banale, era, meno male, le scene, proprio, la trama, che, erano, perché, belle
b. delusione, diventata, tutti, una, Sofia Loren, che, convinti, sarebbe, erano, nuova, che
c. a, sabato, solo, andrò, Fabrizio, lo spettacolo, vuol dire, vedere, pazienza, che, con
d. così, il trucco, completamente, pianto, tutto, mi si è, disastro, commovente, e, che, il tempo, rovinato, ho, era
e. proprio, che, non, uscire, noia, oggi, volevo
f. nervi, a, seduti, fermo, un tipo, che, un minuto, che, eravamo, è stato, dietro, non
g. tournée, l'anno, Silvana, stupendo, prossimo, sua, accompagnare, nella, potrò

Unit 19
Pubblicità, promozione e prodotti

Exercise 1 ▶▶ Find the odd one out in each line.

a. immaginazione, creatività, preparazione, inventiva
b. campagna, spot, annunci, reclame
c. montatura, design, invenzione, bugia
d. prodotti, merce, articoli, etichette
e. confezione, packaging, forma, involucro
f. look, aspetto, estetica, gamma
g. grafica, marchio, nome, marca

Exercise 2 ▶▶ Read the letters in the grid vertically, horizontally or upside down to find the names of seven different containers or types of packaging. They're all singular except for one.

X	B	A	R	A	T	T	O	L	O	K
Z	O	C	P	S	X	U	Y	A	T	X
Y	T	Z	U	W	K	B	T	T	T	V
C	T	A	V	O	L	E	T	T	E	B
V	I	U	Q	T	T	J	I	H	L
N	G	X	Z	R	J	T	K	N	C	U
A	L	V	A	A	L	O	T	A	C	S
V	I	P	K	Y	I	U	L	B	A	Y
J	A	Z	J	N	X	C	M	V	P	T
K	H	J	K	L	T	Y	U	Z	Q	R

Exercise 3 ►► Match the description of each period of advertising with its correct date.

a. È l'epoca del boom economico. Arrivano le lattine per le bibite e, grazie a cellophane, plastica e foglio d'alluminio, le confezioni sono tutte sigillate. E si diffondono le promozioni.

b. L'illuminazione elettrica e il telefono si stanno diffondendo. In Europa domina l'Art Nouveau che si ispira alle forme di fiori e insetti. E nei negozi compaiono i primi prodotti 'incartati' o 'in scatola'.

c. L'alluminio e la plastica cominciano a sostituire il vetro, giudicato troppo pesante dai consumatori. La grafica delle scatole diventa lineare per essere più leggibile.

d. Negli Stati Uniti e in Europa si diffonde lo stile 'Art Déco', che si ispira all'arte egizia e africana. Le famiglie, e di conseguenza le confezioni dei prodotti, diventano più piccole. Nascono i primi cibi semipronti.

e. In Europa la guerra rende le etichette sempre più piccole per risparmiare la carta razionata, ma gli Stati Uniti continuano a esportare prodotti in scatola, che arrivano sul mercato (nero).

f. Anche il packaging 'ha fatto il '68'. Compaiono colori psichedelici, il naturale comincia a diventare un tema 'forte', ispirato alla cultura hippy. E nascono confezioni che sono giunte immutate fino a noi.

g. Negli Stati Uniti nascono i primi supermercati: improvvisamente i prodotti devono 'vendersi da sé', gli involucri vengono studiati per sedurre il possibile cliente, e diventano strumenti di marketing.

h. Con la guerra aumentano enormemente i prodotti confezionati (più facili da distribuire, anche alle truppe) e le chiusure diventano più ermetiche: si diffonde la pellicola di cellophane.

i. Sugli scaffali, confezioni sempre più ricche di immagini e forme insolite, ma cominciano ad arrivare anche gli involucri più sobri e quelli biodegradabili (che non inquinano).

j. L'involucro diventa parte integrante del marchio (il prodotto si identifica ora con la sua 'scatola'). Si diffondono le confezioni in plastica stampata, che attraggono i giovani.

(Adapted from *Focus*, January 2003)

DATES

1900–1909	1950–1959
1910–1919	1960–1969
1920–1929	1970–1979
1930–1939	1980–1989
1940–1949	1990–2000

Exercise 4 ▶▶ Read the descriptions in Exercise 3 again and carry out the following activities.

A. List all the types of material mentioned in the text that are used to pack products.

B. Find in the text the adjectives which mean:
1. well sealed   _____
2. unchanged   _____
3. simple   _____
4. that decompose naturally   _____

C. Explain in your own words the following expressions found in the text:
1. anche il packaging ha fatto il '68   _____
2. l'epoca del boom moderno   _____
3. i prodotti devono vendersi da sé   _____

Exercise 5 ▶▶ Read the text in Exercise 3 again and answer the following questions.

a. Perché nel periodo tra il 1910 e il 1919 aumentò la produzione di prodotti confezionati?
_____

b. Quando si cominciarono a vedere sul mercato i primi esempi di cibi cucinati?
_____

c. Qual è la ragione per cui le etichette si ridussero di dimensioni?
_____

d. Quando furono buttate le prime basi di mercato nel senso moderno?
_____

e. In che cosa consiste la rivoluzione che si effettua negli anni '70?
_____

f. Quale concetto importante per la pubblicità si sviluppò negli anni '80?
_____

Exercise 6 ▶▶ Fill in the blanks with the relative pronoun *che* or *cui* and a preposition or article where appropriate.

a. Le marche sconosciute sono quelle _____ mi guardo sempre e _____ non comprerei mai.
b. I videogiochi sono i prodotti _____ vengono usate pubblicità a volte troppo forti.
c. Avete visto quanto è stupido lo slogan della pubblicità _____ è stata lanciata la nuova birra?
d. Ci sono tanti prodotti sul mercato _____ diffidare, non credi?
e. Le pubblicità _____ si rivolgono ad un pubblico giovane, _____ Nike e Budweiser, sono in genere le più provocatorie.

f.   Non compriamo mai prodotti _____ pubblicità è fatta in lingua straniera.
g.   Offerte e promozioni sono i mezzi _____ oggi le grandi aziende si affidano per vendere.

Exercise 7 ▶▶ Now rewrite the sentences in Exercise 6 using *il quale*, *la quale*, etc. in place of the relative pronouns.

Exercise 8 ▶▶ Brands and slogans are all mixed up. Place each slogan with its correct brand.

a.   Tim – ogni pagina una soluzione
b.   Lacoste – cantano i motori
c.   Alfa Romeo – miglioriamo il tuo mondo
d.   Ferrovie – a far rumore è solo la notizia
e.   Nasce BluDiesel – armati di professionalità
f.   Infasil – vivere senza confini
g.   Philips – stile sulla pelle
h.   Esercito – cresce il movimento, cresce il Paese
i.   Jack – amore per la protezione

Exercise 9 ▶▶ What are the slogans in Exercise 8 saying? Which brand in Exercise 8 would you choose . . .

1.   per arricchire le tue esperienze?   _____
2.   per ridurre le distanze e vivere liberamente?   _____
3.   per risolvere qualsiasi problema?   _____
4.   per la sua silenziosità?   _____
5.   per valorizzare il tuo aspetto?   _____
6.   per la pulizia della miscela?   _____
7.   per vivere in modo sano?   _____
8.   per la sua abilità a cambiare con i tempi?   _____
9.   per dimostrare di essere serio e affidabile? _____

Exercise 10 ▶▶ Complete the following holiday ad with the pronouns in the box.

ci glielo vi ve lo ce lo vi se ne vi ci ve ne ci

Che cosa cercate in una vacanza: arte, sole, cultura, mare, storia, bel tempo? Perché dover scegliere? Venite con noi al centro del Mediterraneo e non _____ pentirete!

Scoprirete una terra magica che possiede storia e tradizione . . . e _____ vanta!! _____ aspetta una terra piena di contrasti, di sapori e odori irresistibili. Dove? Rilassate _____! _____ porteremo noi. Volete un dépliant? Scrivete _____ e _____ manderemo.

È proprio quello che cercano i vostri amici? Un dépliant anche per loro? Fate _____ sapere e _____ manderemo oggi stesso. Perché aspettare? Prendete il telefono! Contattate _____.

Exercise 11 ▶▶ **The following article got mixed up. Can you move the underlined words to their correct places?**

Non comprate niente – Almeno per un giorno
Iniziativa soprattutto internazionale – In Italia si stanno muovendo solo i primi passi
di Annalisa Cuzzocrea

ROMA – Navigatori di tutto il mondo, fermate il mouse. Mettete da parte la <u>campagna</u>. Distogliete lo sguardo dalle vetrine, virtuali e reali, che vi invitano a comprare di tutto. Oggi è il 'Buy nothing day', il giorno del <u>messaggio</u>. Un invito a non comprare niente per 24 ore.

Una campagna decisamente <u>casuale</u> che è giunta alla sua ottava edizione, e che da una piccola organizzazione no profit di Vancouver, è arrivata, grazie al Web, a coinvolgere 40 paesi diversi, dal Canada a Israele, passando per Svezia, Francia e Giappone. E in Italia? L'iniziativa, da noi, sta muovendo i primi passi.

Oggi e domani ci saranno presídi e <u>volontari</u> in diverse città, a cominciare da Firenze.

La data scelta non è <u>controcorrente</u>: negli Stati Uniti comincia oggi il week-end del Ringraziamento, durante il quale il popolo <u>francese</u> spende più che in qualsiasi altro periodo. 'Il 24 novembre è il maggiore "shopping day" dell'anno – si legge nel banner che pubblicizza la <u>carta di credito</u> – e stavolta vi suggeriamo di non comprare niente'.

Per lanciare questo <u>non acquisto</u>, i promotori si sono affidati a una combinazione di Web, televisione, annunci sui giornali e manifestazioni di piazza. Un mix vincente, visto che la campagna ha ora una lista di <u>volantinaggi</u> con centinaia di nomi e una mailing list alla quale sono iscritte 20.000 persone.

Dappertutto, comunque, sono state organizzate manifestazioni di sostegno al progetto: dagli antispot, come quelli del sito <u>statunitense</u> dei Casseurs de pub, i 'rompipubblicità', ai Satan Claus che davanti ai negozi di Oakland, California, regalano 'buoni di non acquisto'.

(Adapted from *La Repubblica*, www.repubblica.it, 24 November 2000)

Exercise 12 ▶▶ Find the corresponding Italian for all the English words in the text of Exercise 11.

Exercise 13 ▶▶ Complete the sentences by joining the halves in the left-hand and right-hand columns.

1. Che bel servizio   a. le pillole per l'indigestione.
2. Hai visto il mio nuovo   b. le tazze da caffè o da tè?
3. Avete portato   c. il bicchiere d'acqua?
4. Non esce mai senza   d. di bicchieri da vino!
5. Quali prendo   e. completo per la sera?
6. Una stecca contiene   f. il cappello per il sole?
7. Non ho mai visto   g. dieci pacchetti di sigarette da venti.
8. Non ti hanno ancora portato   h. un francobollo da €3!?!

Unit 20
Immagini dell'Italia

Exercise 1 ▶▶ **Solve the crossword below.**

ORIZZONTALI
1. Serve per accendere la TV.
2. RAI Uno, RAI Due, etc.
4. Tipo di antenna.
5. Chi guarda la TV.
7. Una pubblicità.

VERTICALI
3. Programmi già trasmessi.
6. Fa parte della rete TV di stato.
8. Si paga annualmente.
9. Un programma televisivo.
10. Il documentario è una serie di . . .
11. Una puntata.

Exercise 2 ▶▶ **Find the opposite (opp.) or the synonym (syn.) of the words listed below.**

a. fantastico (opp.)
b. divertente (syn.)
c. classico (syn.)
d. prevedibile (opp.)

e. giallo (syn.)
f. sentimentale (syn.)
g. insignificante (opp.)
h. drammatico (opp.)

Exercise 3 ▶▶ **Find the odd one out in each line.**

a. periodico, arretrato, pubblicazione, rivista
b. quindicinale, mensile, settimanale, quotidiano
c. abbonamento, commento, recensione, critica
d. tiratura, divulgazione, inserzione, diffusione
e. occhiello, titolo, testata, supplemento
f. vignetta, inserto, disegno, illustrazione
g. inviato, annunciatore, cronista, reporter

Exercise 4 ▶▶ **Match each comment with one of the types of television programme in the box.**

> telenovela chat show cartoni animati documentario notiziario
> telefilm tribuna politica romanzo a puntate giallo commedia

a. Non mi piace seguirli perché bisogna aspettare una settimana per sapere che succede. _____

b. Generalmente sono istruttivi ma spesso chi li commenta ha una voce monotona! _____

c. Conosco anche molti adulti a cui piacciono tantissimo. _____

d. Sono seguiti da un vasto pubblico, ma io li trovo così vuoti! _____

e. Guardo solo quelli vecchio stile dall'umorismo tradizionale. _____

f. Odio quelli americani con i gangster e tanta violenza! _____

g. Mia sorella non ne perde una. Ogni giorno, tre o quattro volte la settimana, stessa ora . . . per anni! _____

h. Certo sono utili e poi si viene informati subito di quello che succede. _____

i. Non capisco perché non possano esporre le loro idee senza screditare gli altri. _____

j. Li adoro specialmente quando la trama è molto complicata. _____

Exercise 5 ▶▶ Find in this article expressions which are synonyms of those listed below it.

ROMA – Suona il campanellino d'allarme per gli italiani che fanno l'amore. Il nemico di turno è il piccolo schermo della tv. Non quello che, già lo sappiamo, resta troppo a lungo acceso durante il giorno, ma quello che non si spegne nemmeno quando la coppia vive i suoi momenti di intimità. I sessuologi avvertono: fare sesso davanti alla tv uccide l'eros. E visto che questa cattiva abitudine sembra prendere sempre più piede nelle case italiane, l'Istituto di Psicologia Transdisciplinare di Roma consiglia di correre subito ai ripari e di pigiare 'off' almeno in quei momenti. I vip della tv, offesi dal ruolo di ammazza-eros affibbiatogli dai sessuologi rispondono: 'Oggi la coppia viene stimolata da un sacco di cose, la vita sociale, i giornali e anche la televisione'.

. . . lo studio dei sessuologi, svolto su un campione di mille coppie fra i 25 e i 55 anni, si avvale di una teoria più generale: non è questione di chi passa sullo schermo mentre si fa l'amore, la televisione in quanto tale, sia che trasmetta film, che talk show, che cartoni animati, 'inquina' l'immaginario erotico intralciando la fantasia tipica dei momenti di attività sessuale. Poi, senza dubbio ci sono programmi più nocivi, altri meno, e nemmeno questo è una questione di gusti. Pollice verso per i Telegiornali – le notizie negative annullano ogni slancio erotico – i talk show politici, i documentari socialmente impegnati, stile 'Sciuscià'. Bocciati anche le trasmissioni 'gossip': proiettano la gente comune nel mondo dei vip incutendo in loro un senso di inferiorità.

In ogni caso i dati parlano chiaro: ben un rapporto su quattro viene consumato con la tv accesa. Il fenomeno è particolarmente accentuato nelle grandi città come Roma, Milano, Bologna, Torino, Padova dove il sesso si pratica di sera, per la precisione dopo le 22, oppure durante i fine settimana. Non c'è età specifica di chi è immune dal fenomeno, anche se lo studio rivela che fare l'amore con la tv accesa è più frequente tra i giovanissimi e curiosamente tra le coppie che hanno superato i 40.

(Adapted from *La Repubblica*, www.repubblica.it, 8 October 2000)

a.	va affermandosi	_____	g.	impulso	_____
b.	conferito/dato	_____	h.	molteplicità di elementi	_____
c.	nuova minaccia	_____	i.	cercare di rimediare	_____
d.	suscitando	_____	j.	refrattario	_____
e.	marcato	_____	k.	adopera	_____
f.	studiosi del sesso	_____	l.	ostacolando	_____

Exercise 6 ▶▶ Reread the article in Exercise 5 and decide which of the following statements are not true. Underline the parts of the sentences which are not correct.

a. I dirigenti delle reti televisive affidano un ruolo negativo alla TV nella vita delle coppie.

b. Gli psicologi ritengono che il ruolo negativo della TV sul sesso non varia a seconda delle personalità che vi appaiono.

c. L'effetto della televisione sulla vita erotica dipende da quello che viene trasmesso.

d. All'uomo della strada non fa bene entrare nel modo delle celebrità televisive.

e. L'istituto che ha svolto il sondaggio rileva che un quarto delle coppie italiane consuma il rapporto dopo le dieci di sera.

f. La fascia d'età più soggetta a questo effetto negativo della TV è fra i 18 e i 40 anni.

Exercise 7 ▶▶ Reread the article in Exercise 5 and answer the following questions.

a. Quali sono le ragioni per condurre l'indagine di cui si parla nell'articolo?

_____

b. Chi ha promosso questo sondaggio?

_____

c. Chi non è d'accordo e perché?

_____

d. In che modo la TV si rivela nociva all'attività sessuale?

_____

e. Quali sono i risultati statistici derivanti dallo studio?

_____

f. Che cosa succede nelle grandi città e perché?

_____

g. Quali fasce d'età sono più soggette all'effetto negativo della TV?

_____

_____

Exercise 8 ▶▶ Change the verbs used in the report below from the passive to the active form.

Nell'ottobre 2001 è stata pubblicata dall'ISTAT un'indagine sul tempo libero degli italiani. Secondo i dati rilasciati, la TV resta il passatempo preferito dagli italiani. Viene guardata dal 93,6% della popolazione con regolarità. I programmi radiofonici sono invece ascoltati di più dalle donne e dai giovani al di sotto dei 24 anni, circa l'80%.

I quotidiani sono invece letti più dagli uomini che dalle donne e la 'palma di assidui lettori' va assegnata alle regioni Trentino, Friuli e Liguria. Le cose cambiano se si parla di libri. I lettori sono solo il 38,6% della popolazione con solo 12 persone su 100 a leggere 12 o più libri all'anno.

Tra le forme d'intrattenimento, il primo posto va dato al cinema, specie da parte dei giovani tra i 15 e 24 anni. Le discoteche e le sale da ballo sono frequentate dal 26% degli italiani anch'essi fra i giovanissimi.

I luoghi di culto sono stati invece visitati meno nel 2000 rispetto al '93. Le quote più elevate di pratica si trovano tra le donne e i pensionati.

(Adapted from *La Repubblica*, www.repubblica.it, 18 October 2001)

Exercise 9 ▶▶ Change the following sentences into the passive form.
Example: Domani Giulia e Mauro ci aiuteranno a caricare il nuovo programma.
Domani **saremo aiutati** da Giulia e Mauro a caricare il nuovo programma.

a. Bisogna sempre servire il caffè con un bicchiere d'acqua.
_____

b. La famiglia di Enrico ha festeggiato con grande pompa la sua laurea.
_____

c. Nel pomeriggio più di 1000 persone avranno già visitato la mostra.
_____

d. Ieri gli scioperanti hanno preso d'assalto il treno delle 16.30 per Grosseto.
_____

e. Avevamo fretta perché dovevamo imbucare le lettere prima della raccolta della posta.
_____

f. Hanno già trasmesso il film di stasera per lo meno altre due volte.
_____

Exercise 10 ▶▶ Explain in your own words, without looking in a dictionary, the expressions underlined in the article below. Then try to match each name marked with an asterisk to the corresponding description which follows the article.

Information Day
'Non vogliamo padroni'

MILANO – 'Non vogliamo padroni che comandino su di noi' scandisce Francesco Rutelli*. ... 'Siamo alla dittatura mediatica' incalza Antonio Di Pietro*. 'C'è il pericolo di un conformismo informativo' spiega il segretario della Quercia*, Piero Fassino. Information Day, ovvero il centrosinistra in piazza per 'un'informazione libera e pluralista' e contro 'lo strapotere mediatico berlusconiano'. Un'iniziativa che non piace al presidente di

Mediaset Fedele Confalonieri ('è una menzogna dire che non c'è pluralismo') e che il presidente della Rai Antonio Baldassarre guarda con scetticismo: 'Non condivido l'iniziativa di dedicare un giorno all'informazione perché ogni giorno dovrebbe essere il giorno dell'informazione'.

Il centrosinistra si ritrova a Sesto San Giovanni e in molte altre città italiane per dedicare la giornata al <u>grido d'allarme</u> su una situazione dell'informazione che Fassino definisce così: 'Berlusconi controlla la tv privata e influenza quella pubblica. Controllano la gran parte della pubblicità, la più grande casa editrice italiana, giornali e settimanali'.
. . .

L'Information Day si è chiuso poi in serata a Roma dove si sono dati appuntamenti i leader dell'Ulivo* e il popolo dei girotondi*. . . .

(Adapted from *La Repubblica*, www.repubblica.it, 4 May 2002)

a. coalizione di partiti di sinistra   _____
b. movimento di protesta antiberlusconiano formato da accademici,
    scrittori e personaggi del mondo del cinema e dell'arte   _____
c. nuovo nome dato al vecchio partito comunista   _____
d. ex magistrato e persona chiave delle denunce di Mani Pulite e
    Tangentopoli   _____
e. ex sindaco di Roma – esponente del Partito della Margherita   _____

Exercise 11 ►► **Reread the article in Exercise 10, and then insert the words below into the blanks in this resumé.**

> **riscosso   rete televisiva   d'accordo   univoca   trasmessa   accentramento**
>
> **obiettiva   influenzata   dissenso   nelle mani**

Francesco Rutelli si trova _____ con Di Pietro nel convenire che la TV italiana è fortemente _____ dal governo. L'informazione che viene _____ non sarebbe, secondo loro, _____ abbastanza.

Il Centrosinistra ha perciò organizzato l' Information Day per denunciare il _____ loro e di tanti altri, che vi hanno partecipato, verso un'evidente _____ fonte d'informazione. Iniziativa questa che ha _____ la disapprovazione del Presidente della Rai.

Il Centrosinistra è seriamente preoccupato dall'_____ del controllo di tutta la _____ e di tantissima stampa italiana _____ del Presidente del Consiglio.

Exercise 12 ▶▶ Rewrite the following sentences using the conditional to make it clear that the report is unconfirmed.

a. Secondo un'agenzia di stampa, il commercio fra Russia e Italia è in aumento. La capitale rossa ama la moda italiana.

     _____

b. Secondo indiscrezioni trapelate dal Palazzo reale, Charles si sposerà prima di Natale. Vuole una cerimonia privata con pochi invitati.

     _____

c. Il ponte sullo stretto di Messina è una realtà, dicono fonti governative. I lavori inizieranno nel 2004.

     _____

d. Secondo la stampa estera l'Italia non è molto nazionalistica. Per questo l'Inno di Mameli è rientrato nelle scuole.

     _____

e. Secondo una recente indagine, stiamo correndo un grosso pericolo. Dappertutto nell'Ovest la compassione rimpiazza i diritti sociali.

     _____

f. Recenti studi sulla famiglia italiana rivelano uno scioccante cambiamento. Sono i genitori a chiedere ai figli di andare via da casa.

     _____

Exercise 13 ▶▶ Match each question with the picture that suggests the answer. Then answer the questions as fully as you can.

Example: Perché non riesce a dormire?
Avrà bevuto/preso del caffè troppo tardi di sera.

a. Come mai è arrivato in ritardo?
b. Sai che ore sono?
c. Dove sono i bambini?
d. Come mai ha preso due mesi di vacanze?
e. Come mai non sono in casa?
f. Perché prende tutte quelle pillole?

1

2

3

4

5

6

Unit 21
Politica e società

a. ministro, deputato, parlamentare, senatore
b. suffraggio, nomina, elezione, votazione
c. costituzione, legge, articolo, referendum
d. stato, governo, nazione, paese
e. in vigore, stoppata, revocata, abrogata
f. seduta, conferenza, convegno, data

Exercise 2 ▶▶ **Pass on these police instructions to other people in the crowd. The first one is done for you.**

a. Non usate gli ascensori.   **La polizia dice di non usare gli ascensori.**
b. Chiudete tutte le porte dietro di voi.   _____
c. State lontani dalle finestre.   _____
d. Non bloccate le uscite.   _____
e. Indossate i respiratori.   _____
f. Formate una fila ordinata.   _____
g. Non correte per le scale.   _____

Exercise 3 ▶▶ **Solve the crossword below.**

ORIZZONTALI
  2. Decide le leggi del paese.
  4. Coadiuva il suo ministro.
  8. La si dà al governo.
  9. Così si chiamano i membri della Camera.
  10. Esisteva anche al tempo dei romani.

VERTICALI
  1. È formato da ministri.
  2. È a capo della Repubblica.
  3. Si contano alle elezioni.
  5. Il _Corriere_ è solo della . . .
  6. Ha un suo manifesto politico.
  7. Formano il governo.

Exercise 4 ▶▶ Fill in the numbered blanks in this diagram of the Italian political structure.

```
┌─────────────────────────────────┐
│ (1.) _____ della Repubblica  │
│   in carica (2.) _____ anni    │
│ (3.) _____ dal parlamento      │
└─────────────────────────────────┘
```

GOVERNO

```
┌──────────────────────────────────────────────┐
│ Presidente del (4.) _____ nominato dal (5.) _____ │
│                    Ministri                    │
│                  (6.) _____                  │
│     (7.) _____ = funzioni dello stato        │
└──────────────────────────────────────────────┘
```

PARLAMENTO

```
┌─────────────────────────────┬──────────────────────────────┐
│ Presidente della (8.) _____ │ Presidente del (9.) _____   │
│ (10.) 630 _____             │ (11.) 315 _____             │
│ con funzione (12.) _____    │                              │
└─────────────────────────────┴──────────────────────────────┘
```

Exercise 5 ▶▶ **Put this *barzelletta* (funny story) in the correct order.**

Ragazzi di oggi!!

a. Sai, mamma, che nella nostra famiglia non abbiamo avuto una nascita normale
    per tre generazioni.
b. Il ragazzo commentò:
c. Mia madre mi ha raccontato che un giorno mentre camminava vicino a un campo
    di cavoli, sentì qualcuno piangere; si avvicinò e trovò me sotto un cavolo.
d. Un caldo giorno di primavera è venuta una bellissima cicogna con un cesto. Ha
    lasciato il cesto davanti alla porta di casa e dentro c'eri tu.
e. E la nonna com'è nata?
f. Mamma, come sono nato?
g. Il tuo bisnonno tornò un giorno dal mercato e disse alla tua bisnonna che le aveva
    comprato un regalo, e le diede la nonna.
h. E tu come sei nata?

Exercise 6 ▶▶ **Put the story in Exercise 5 into indirect speech. Start with: *Un giorno
il bambino ha chiesto alla madre . . .***

Exercise 7 ▶▶ **Read the following text and find which of the statements below are
not true.**

Milioni di bandiere al vento per le lacrime di Manhattan

'Giuro la mia fedeltà alla bandiera americana', recitano ogni mattina di ogni giorno prima delle lezioni gli scolari, fedeltà alla bandiera, non al Presidente, alla Costituzione, allo Stato, ma alla bandiera, perché in quel tessuto disegnato 230 anni fa e cucito per la prima volta da una donna, Betsy Rosso, è già detto e scritto tutto, come in un certificato di nascita collettivo. L'abbiamo vista sbocciare tante volte, questa improvvisa primavera di bandiere, ma mai con la rabbia dolorosa, con la passione di questi giorni.

Raccontano nei grandi magazzini e nei supermercati, dove sempre stanno su uno scaffale bandiere e bandierine per i clienti, che nelle prime ore dopo le immagini dell'orrore, folle di clienti hanno inondato i loro negozi, ma non per comprare acqua e scatolame nel solito panico della guerra, ma per comprare bandiere. KmArt e Wall-Mart, le due catene più diffuse e popolari, hanno venduto 650 mila bandiere al giorno da martedì e persino i negozi più sussiegosi e chic non hanno esitato ad arrendersi: tutti devono avere la loro bandiera. I quotidiani della domenica regalano bandierine omaggio ai lettori sponsorizzate da commercianti e grandi magazzini che cercano di rifarsi dei costi con la pubblicità perché l'America è 'business', anche nelle ore del dolore.

L'inno nazionale, che si chiama appunto 'The Star Spangled Banner', la bandiera a strisce, canta la gloria della bandiera, quello stendardo lungo 40 metri che una sarta di Washington tagliò con sua figlia in una notte intera di lavoro perché fosse innalzato sul pennone di Fort Henry a Baltimora nel 1812, e per il quale la signora, da perfetta americana, si fece pagare dal committente 402 dollari e 50 cents per eseguirlo. Molti vorrebbero vedere un emendamento che renda un reato bruciare, profanare od offendere 'the flag' ma tutti i presidenti resistono alla tentazione incluso Bush il Vecchio, il quale disse 'bruciare la bandiera per esprimere il proprio dissenso è uno dei diritti di libertà che la bandiera rappresenta'.

(Adapted from *La Repubblica*, www.repubblica.it, 17 September 2001)

a. Negli Stati Uniti ai bambini fin da piccoli è ricordata l'importanza della bandiera americana.
b. La bandiera è stata ridisegnata recentemente.
c. La prima cosa che gli americani hanno fatto dopo la terribile notizia è stata di munirsi di una bandiera.
d. I negozi più chic hanno regalato bandierine omaggio.
e. L'inno nazionale americano è un inno principalmente alla loro Costituzione.
f. La sarta che ha cucito la bandiera nel 1812 era italiana.
g. Per tutti gli americani la bandiera è simbolo di libertà e democrazia.

Exercise 8 ▶▶ **Rewrite the article in Exercise 7 in a more objective manner. To convey journalistic detachment, use the conditional tense where appropriate.**

Exercise 9 ▶▶ **Find in the text of Exercise 7 the words which correspond to the following meanings.**

a. gli articoli di legge di uno stato   _____
b. che comprende più individui   _____
c. visitato in grandi masse   _____
d. cibi conservati in contenitori metallici   _____
e. dal contegno pieno di boria   _____
f. pagate generalmente a scopo pubblicitario   _____
g. insegna, bandiera   _____
h. chi dà a qualcuno l'incarico di eseguire un lavoro   _____
i. modifica di un testo legislativo   _____
j. violare qualcosa di sacro   _____
k. disaccordo, contrasto   _____

Exercise 10 ▶▶ **Insert the time expressions below into the blanks.**

> **il mese prima   quel pomeriggio   poco dopo   il giorno dopo**
>
> **la settimana successiva   il giorno precedente**

a. La figlia ha detto che Elio sarebbe arrivato _____. Da casa sua ci volevano solo cinque minuti.
b. Erano già andati la mattina e le avevano chiesto se potevano ritornare _____.
c. Anche se era già passato un po' di tempo, il sacerdote ha voluto ricordare a tutti il disastro di _____.
d. Il suo amico ha aggiunto che era troppo tardi e che lei avrebbe dovuto pensarci _____.
e. Non riuscivano a credere che _____ avrebbero già iniziato la loro crociera.
f. Le hanno assicurato che la giacca ordinata sarebbe arrivata certamente _____.

Exercise 11 ▶▶ **Read this interview with Silvio Berlusconi and write down the questions that the interviewer would have asked to obtain these replies.**

'Sulla vendita di Mediaset decideranno i miei figli'

a. Dirò se vendo Mediaset entro il 13 maggio. _____

b. Saranno Piersilvio e Marina [figli] a decidere. Io ho deciso di dedicare l'ultima
    parte della mia vita al servizio del paese.

    _____

c. Quando la decisione sarà presa la renderò nota.

    _____

d. Questa sera mi incontrerò appunto con Rupert Murdoch. Come ho già detto:
    risolverò il problema del conflitto d'interessi.

    _____

e. Vinceremo sicuramente le elezioni. Il margine che ci separa dalla sinistra resta
    rilevante anche al Senato.

    _____

f. Il programma l'abbiamo. L'abbiamo scritto ma non dato alla sinistra. Ce lo
    saccheggerebbero.

    _____

g. Se Bossi non vorrà cantare l'inno nazionale . . . poco male. Solo un italiano su
    dieci, secondo le statistiche, conosce le parole dell'inno. I nostri calciatori non
    cantano l'inno e Bossi è anche stonato . . .

    _____

(Adapted from *La Repubblica*, www.repubblica.it, 4 May 2001)

Exercise 12 ▶▶ **Rewrite Berlusconi's replies in indirect (reported) speech. Start
with *L'onorevole Berlusconi ha detto . . . dichiarato . . . affermato . . . annunciato*, etc.**

Exercise 13 ▶▶ **Read the article and answer the questions that follow.**

Lo scienziato: 'Sogno di fotografare il Big Bang'

Ha scattato un'istantanea all'Universo bambino, ma non sarebbe ancora contento.
Vorrebbe andare a vedere cosa c'è prima, vorrebbe fotografare le origini, magari
l'Origine. Francesco Duccio Macchetto è nato a Biella ma la sua patria di adozione sono
gli Stati Uniti dove è direttore dell'istituto a Baltimora che gestisce il telescopio Hubble,
una lente di due metri di diametro che orbita da dieci anni attorno alla Terra producendo
straordinario materiale sulla nascita e l'espansione dell'Universo.

Il professor Macchetto un paio di anni fa avrebbe ottenuto una fotografia delle
galassie più lontane che distano da noi 13–14 miliardi di anni luce. Noi datiamo il Big
Bang a circa 15 miliardi di anni fa. Questo significherebbe che il professore avrebbe
fotografato quelle galassie quando l'Universo era nato da circa un miliardo di anni: nella
loro prima infanzia.

Fra una decina d'anni il telescopio Hubble dovrebbe avere un erede sedici volte più potente. Si chiama Next Generation Space Telescope. Con quello si potrà veramente puntare al Big Bang o forse a prima ancora?! L'Hubble non può cogliere immagini ottiche di pianeti in altri sistemi solari ma anche se con Next Generation potremmo riuscirci, saremmo ancora molto lontani dall'avere fotografie nitide di altri pianeti. Per ottenere immagini come quella della Terra vista dalla Luna si dovrebbero scattare con un telescopio di una trentina di metri di diametro!

Nel frattempo il professor Macchetto continua a sognare: 'che da qualche parte ci sia un mucchietto di rifiuti stellari come noi'. Non saremmo altro che questo per il professore dato che i pianeti si sarebbero formati con la materia rimasta dopo la formazione delle stelle.

(Adapted from *La Repubblica*, 5 September 2000)

a. Perché non è contento il professor Macchetto, secondo il giornalista?

_____

b. Che vuol dire il giornalista con 'patria d'adozione'?

_____

c. Quale lavoro svolge il professor Macchetto?

_____

d. Che cos'è l'Hubble?

_____

e. Quali sono le differenze fra i due telescopi?

_____

f. Che cosa è difficile ottenere con questi pur potenti telescopi?

_____

g. Perché il professore ci chiama 'rifiuti stellari'?

_____

Exercise 14 ▶▶ Rewrite the article in Exercise 13 substituting where appropriate the conditional forms with expressions such as *pare/sembra che*, *si dice/dicono*, *secondo*, *non è/sembra vero che*, and making any other necessary changes.

Unit 22
L'angolo della posta

Exercise 1 ▶▶ For each activity that never got done, change the verb into the past conditional of *potere* or *dovere* and then match the halves in the two columns to form complete sentences.
Example: **Avrei dovuto annaffiare le piante prima di partire!**

1. (io – dovere) annaffiare le piante
2. (tu – potere) prenotare il ristorante
3. (voi – potere) riordinare la stanza
4. (noi – dovere) preparare le valigie
5. (loro – potere) comprare un regalo
6. (lei – dovere) telefonare
7. (tu – dovere) finire di scrivere
8. (lui – potere) dirtelo
9. (lei – dovere) pensarci prima;

a. tutti i biglietti d'invito!
b. adesso è troppo tardi!
c. prima di partire!
d. per non preparare per tutti!
e. prima di venire!
f. – il treno parte fra un'ora!
g. – non si può aprire la porta!
h. dato che sei arrivato presto!
i. dato che è il tuo anniversario!

Exercise 2 ▶▶ Complete the sentences below by adding a suitable consequence in each case.

a. Se non esistessero i giornali, _____.
b. Se i bambini non guardassero tanta televisione, _____.
c. Se non fosse mai stata inventata la stampante, _____.
d. Se non ci fosse una televisione di stato, _____.
e. Se Marconi non avesse inventato la radio, _____.
f. Se non ci fossero restrizioni per i giornalisti, _____.
g. Se si iniziasse una campagna contro le parolacce in TV, _____.
h. Se potessi fare l'intervistatore, _____.

Exercise 3 ▶▶ What could be said in the situations described below? Make up sentences expressing conditions that cannot be met. Follow the example.
Example: Ti telefona un amico per invitarti a cena ma hai un altro impegno.
Se non avessi avuto un altro impegno sarei venuto a cena da te.

a. Volevi andare via per il fine settimana ma hai un esame lunedì.

    _____

b. Tuo padre ha dovuto cominciare presto a lavorare e non si è più laureato.

    _____

c. Tuo fratello non cura molto i denti. Ieri è dovuto andare d'urgenza dal dentista.

    _____

d. Volevi fare un viaggio ma hai speso molto per compare una macchina nuova.

    _____

e. C'è stato un incidente stradale e tre colleghi sono arrivati molto tardi alle lezioni.

    _____

f. Dei tuoi amici rimpiangono di non avere comprato delle azioni ma erano stati informati male.

    _____

g. La tua gita sciistica è stata cancellata a causa di una valanga.

    _____

Exercise 4 ▶▶ Complete the first part of these conditional sentences with a suitable verb in the correct mood and tense, using the clues given in the second part.

a. Se _____, non avrebbe bisogno di andare dal dietologo.
b. Se _____, potresti dedicare più tempo ai bambini.
c. Se _____, te la ruberanno e rimarrai a piedi.
d. Se _____, imparereste a parlare italiano in poco tempo.
e. Se _____, prenderà senz'altro un colpo di sole.
f. Se _____, ci saremmo divertiti di più perché è simpatico.
g. Se _____, non faresti un incidente ogni settimana.
h. Se _____, lo troveremo senz'altro chiuso. È già quasi l'una!

Exercise 5 ▶▶ The writer of this letter to an Italian magazine got many of her words muddled up. Move the underlined words and expressions to their right places.

Una e-considerazione

Oggi siamo tutti telematizzati e informatizzati: e-commerce, e-posta, e-spese, e-stampa, ecc. Si può avere tutto senza muoversi 'su due piedi', basta camminare un bottone e voilà, ti arriva tutto a casa. In particolare lo shopping tramite Internet sembra poter, e voler (!!), risolvere questa problema presente e futuro.

Mi chiedo: è una voglia, un gioco o una necessità reale? Chi è realmente di usare tutta qualsiasi nuova tecnologia può benissimo fornirsi di tutto quello che gli occorre guadagnandone a fare lo shopping nei magnifici centri commerciali, sparsi dappertutto e che hanno attratto tempo, fatica e denaro fra gli scaffali. Chi invece ne trarrebbe in grado vantaggio perché è anziano, o non può premere bene, o ha qualche handicap, forse non sa nemmeno che cosa sia un computer, non ha farsa di impararlo e probabilmente avrebbe difficoltà ad usarlo.

A che pro, allora? Perché non farci tutti una bella passeggiata uscendo anche in salute e andare a curiosare nei loro negozi di una libreria o lasciarci tentare dalle 'occasionissime' o, perché no, decidere di comprare dalla sedia un regalo per la mamma solo perché ha investito la nostra attenzione mentre passavamo?

Lettrice Perplessa – AME 2002

Exercise 6 ▶▶ After correcting the letter in Exercise 5, read it again. Which of the following statements are correct.

a. La lettrice ha un atteggiamento critico nei riguardi di tutta la nuova tecnologia.
b. Mette in discussione la capacità del Web di essere un vero supporto.
c. Esprime i suoi dubbi sulle vere finalità e gli obiettivi dell'Internet.
d. Esprime i suoi dubbi riguardo i nuovi metodi moderni di fare spese.
e. Sembra avere grosse riserve su chi ne tragga veramente beneficio.
f. È convinta che fare lo shopping-on-line sia adatto solo ai più giovani.
g. Lo shopping tramite l'Internet uccide in noi la spontaneità.

Exercise 7 ►► **Change the sentences below into indirect speech using the words in brackets and either the infinitive or *che* and the subjunctive, as appropriate.**
Example: Cercate di parlare in italiano anche fra di voi (ci hanno consigliato)
Ci hanno consigliato di parlare in italiano anche fra di noi.

a.   Perché non la comprate blu? È molto più elegante. (ci è stato consigliato)

_____

b.   È una bella giornata. Andate al mare. (Enzo ha suggerito che)

_____

c.   La strada è in salita. Fai attenzione. (mio marito mi ha raccomandato)

_____

d.   Vuoi cominciare a lavorare presto, fai la laurea breve. (mio zio ha suggerito che)

_____

e.   La mozzarella è freschissima. Ne prenda un paio. (il salumiere mi ha consigliato)

_____

f.   Di sera non lasciate le finestre aperte se no le zanzare . . . (l'operatore turistico
     ha raccomandato che)

_____

Exercise 8 ►► **Read the following article. Which of the statements listed below it contain information not included in the text?**

Plastic, giornale on line dove il lettore comanda
Nella nuova rivista elettronica molto 'democratica' si discutono articoli e
opinioni prese da tutta la Rete.
di Riccardo Stagliano

ROMA — Tanti lettori più qualche giornalista uguale Plastic. È una alleanza
inedita ed 'eversiva' quella che l'ultimo nato statunitense del giornalismo
online propone. . . . 'Plastic è una collaborazione in diretta tra i più svegli
lettori e i migliori giornalisti del Web, un posto dove suggerire e discutere
le notizie più interessanti, le opinioni, le indiscrezioni che circolano
online'.
    Chiunque si imbatta in un articolo che gli susciti curiosità, approvazione
o sdegno può lanciare nello stagno del nuovo giornale elettronico il sasso
della provocazione: 'Un pezzo su Time recensisce un libro che sostiene
la tesi che una moglie sottomessa è indispensabile per far fare carriera
al marito . . .' segnala un lettore anonimo. 'Sto forse impazzendo? — ribatte
immediatamente Cassiopeia74 — le donne che ci credono meritano sposi che
le mettano sotto'. Una tale Narcissa è meno arrabbiata e racconta le sue

impressioni dopo aver visto in tv l'autrice del saggio incriminato. Sono passati solo 24 minuti da quando lo spunto è stato messo in Rete e già la discussione ribolle. Dieci minuti più tardi sono arrivati, sono stati letti (dai redattori che filtrano i messaggi) e autorizzati altri 11 commenti di lettori. ...

L'idea di realizzare Plastic è venuta ai fondatori di Feed, una rivista online di cultura, ma tra i partner editoriali ci sono siti del calibro di Wired News e Inside.com che mettono a disposizione sia giornalisti-moderatori che i link a una selezione di articoli presenti sulle rispettive home page. ...

La natura democratica del nuovo modello di giornale è assicurata dalla possibilità di dare voti a ogni intervento: da −1 (schifezza) a 5 (genio) tutti i lettori registrati possono valutare il valore di quanto scritto dai loro pari. Ed è proprio questo anticorpo che dovrebbe evitare che il nuovo sito diventi un'enorme discarica di narcisismi digitali: saranno i giudizi altrui che decreteranno il posto in classifica dei diversi commenti e si potrà poi scegliere, con un efficace sistema di filtri, che vengano visualizzati solo quelli che hanno preso 'voti' alti. Insomma, chi dice cose unanimamente considerate stupidaggini, sarà emarginato e non avrà visibilità.

(Adapted from La Repubblica, www.repubblica.it, 19 January 2001)

a. *Plastic* è un forum on-line per sollecitare le opinioni dei lettori.
b. I lettori possono esporre le loro idee in poco tempo.
c. *Plastic* aggiorna i lettori su quanto tempo è passato dalla pubblicazione dell'articolo.
d. Il sito è stato ideato dai giornalisti già operanti on-line.
e. I lettori possono esprimere la loro valutazione sui commenti di altri lettori.
f. Il giornalista dell'articolo si chiede se *Plastic* avrà un futuro.

Exercise 9 ▶▶ After rereading the article in Exercise 8 complete each of the numbered sentences below with the most suitable of the three options, a, b or c.

1. *Plastic* è un sito che riunisce lettori e giornalisti
a. per recensire i libri appena pubblicati.
b. per segnalare agli interessati notizie su film-musica-media.
c. per dare spazio a chi ha obiezioni e commenti da fare.

2. Gli articoli possono essere segnalati dai lettori stessi
a. e nel giro di poco tempo si scatena la polemica con le risposte di altri lettori.
b. che dopo 24 minuti possono cominciare a discuterli.
c. ma i redattori pubblicano solo i messaggi di lettori anonimi.

3. La possibilità che i lettori hanno di dare le loro valutazioni
a. aiuta a realizzare il piacere di vedere il proprio articolo pubblicato.
b. li porta a interagire e conoscersi fra di loro.
c. garantisce che non si scriva solo per il piacere di vedersi sullo schermo.

4. I commenti pubblicati saranno quelli
a. filtrati dai giornalisti.
b. che hanno riportato un alto punteggio.
c. di tutti i lettori registrati.

Exercise 10 ▶▶ **After rereading the article in Exercise 8, explain the meaning of the following.**

a. alleanza inedita ed eversiva

b. lanciare nello stagno (del nuovo giornale elettronico) il sasso della provocazione

c. del calibro di . . .

d. da −1 (schifezza) a 5 (genio)

e. enorme discarica di narcisismi digitali

Exercise 11 ▶▶ **A number of problems are described below. Make up sentences suggesting solutions, using the words in brackets. Vary the sentence openings, using, for example, *Potresti, Perché non provi a/tenti di, Dovresti, Bisognerebbe, Ci vorrebbe*.**

a. Mia moglie non riesce ad addormentarsi se prima non legge, mentre io non riesco a dormire con la luce accesa. (una lampadina a pile da attaccare al libro)

b. Il mio ragazzo vuole andare a fare una crociera per la luna di miele. Non me la sento di dirgli che ho paura del mare aperto. (stare in cabina)

c. Tutti nella mia famiglia sembrano essersi dimenticati del mio compleanno. (preparare una torta)

d. Il nostro vicino di casa è molto simpatico ma ha un cane tremendo che insegue sempre il nostro gatto. (registrazione di gatti selvaggi)

e. Dimentico sempre tutto dalle chiavi ai guanti agli ombrelli. Che fare? (usare
    sempre lo stesso posto)

    _____

f. Ho le mani bucate. Appena prendo lo stipendio lo spendo subito e non riesco mai
    a mettere da parte niente. (banca – conto risparmio – ogni mese)

    _____

g. Il mio capo è una persona molto brava ma mi dà sempre da fare qualcosa
    all'ultimo minuto prima di andar via. (grazie – pronto per domani mattina)

    _____

Answer key

Unit 1

Exercise 1

a. Come ti chiami? **b.** Siete inglesi? **c.** Siete italiane? **d.** Di dov'è lui? **e.** Di dove sei/è?

Exercise 2

a. sei **b.** è **c.** siamo **d.** siete **e.** chiama

Exercise 3

1c; 2f; 3e; 4a; 5b; 6d

Exercise 4

Exercise 5
a. irlandese **b.** inglese **c.** tedesco **d.** spagnoli **e.** francese

Exercise 6
c; a; d; b; e

Exercise 7
Ciao, Come ti chiami? George White. E tu? Io mi chiamo Enzo, Enzo Pernice. Sei italiano, vero? No, sono svizzero.

Exercise 8
a. Ciao, **b.** Piacere, **c.** Buongiorno, **d.** Arrivederla, **e.** Buona notte

Exercise 9
a. spremuta, **b.** tè, **c.** dolce, **d.** spuntino, **e.** cioccolata

Exercise 10
a. quattro, **b.** tre, **c.** cinque, **d.** sei, **e.** otto

Exercise 11
a. un **b.** uno **c.** un **d.** un' **e.** una **f.** un **g.** uno **h.** un **i.** una **j.** un
The letters in the boxes read **limoncello**.

Exercise 12
a. caldo **b.** salato **c.** dolce **d.** bollente **e.** freddo

Exercise 14
a. Per **b.** un **c.** vorrei **d.** Lei **e.** Prendi **f.** prende

Exercise 15
1. Pippo: una bibita in lattina e due tramezzini: €4,30. **2.** Alessandro: due birre nazionali e un toast: €5,80. **3.** Sergio: un gelato in coppa e una spremuta: €3,35.

Exercise 16
PLURAL IN *I*: signori; scontrini; spuntini; zabaglioni; colazioni; pranzi
PLURAL IN *E*: cene; paste; cioccolate
NO CHANGE IN THE PLURAL: bar; caffè; toast; brioche; tè

Unit 2

Exercise 1
a. cugina **b.** figlia **c.** sorella **d.** nuora **e.** moglie **f.** nipote **g.** nonna **h.** madre **i.** suocera **j.** zia

Exercise 2
a. nonna **b.** sorella **c.** nipoti **d.** zia **e.** cugino **f.** nonni

Exercise 3
1c; 2a; 3d; 4e; 5f; 6b

Exercise 4

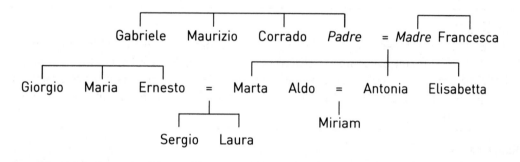

Exercise 5
a. Elisabetta ha due sorelle. **b.** Sergio è suo nipote, il figlio di sua sorella Marta. **c.** No, non è sposata. **d.** Il marito di Marta si chiama Ernesto. **e.** Antonia ha una figlia. **f.** Non lo so. (Non c'è scritto.) **g.** Sono i fratelli del padre. **h.** Laura ha due anni. **i.** Giorgio è il fratello del marito di Marta. **j.** No, Aldo è figlio unico.

Exercise 6
1. Suo **2.** Loro **3.** Vostri **4.** Tua **5.** Nostra **6.** Miei
Straniero

Exercise 7
1. stanco **2.** annoiato **3.** stupido **4.** contento **5.** intelligente **6.** triste **7.** loquace

Exercise 8
a. Sono snella, alta un metro e 60, simpatica e abbastanza calma. **b.** Ha capelli neri e occhi verdi. È di media statura. **c.** Mio fratello è molto antipatico! È chiuso, serio e noioso. **d.** Mia nonna è bassa, grassa, con i capelli bianchi ma è molto dinamica.

e. Siamo gemelli. Abbiamo capelli biondi e occhi castani, ma io sono più alto. **f.** Sono due fratelli: uno è allegro, loquace, intelligente; l'altro è sempre triste, pigro e stupido.

Exercise 9
a. vario **b.** generoso **c.** grassa **d.** tranquillo **e.** impegnativi **f.** chiara **g.** egoista **h.** castani

Exercise 10
teste; occhi; naso; faccia; bocche; orecchie; capelli; braccia; mani; dita; gambe; piedi

Exercise 11
testa; occhio; nasi; facce; bocca; orecchio; capello; braccio; mano; dito; gamba; piede

Exercise 12
c; a; d; f; b; e; g.
Cameriere.

Exercise 13
1. CHEMIST: un farmacista; **2.** TEACHER: un insegnante; **3.** SECRETARY: una segretaria; **4.** LAWYER: un avvocato; **5.** DOCTOR: un medico; **6.** DENTIST: una dentista; **7.** HAIRDRESSER: un parrucchiere; **8.** ACCOUNTANT: una commercialista; **9.** LIBRARIAN: un bibliotecario; **10.** CHEF: un cuoco; **11.** ACTOR: un attore; **12.** FILM DIRECTOR: una regista

Exercise 14
a. cuoco **b.** bibliotecario **c.** segretaria **d.** regista **e.** insegnante **f.** dentista **g.** parrucchiere

Exercise 15
a. quel **b.** quella **c.** queste **d.** questo **e.** quei **f.** quelli, questi

Exercise 16
a. Che cosa studia tuo fratello? **b.** Che cosa fai? **c.** Com'è Ornella? **d.** Che cosa fa suo padre? **e.** Sei sposata? **f.** Quanti siete in famiglia?

Exercise 17
a. Quanti anni ha tuo figlio? **b.** È sposata? **c.** Sono/Faccio il commercialista. **d.** È alta e bionda la tua ragazza? **e.** Il mio lavoro è noioso e stancante. **f.** Quante persone siete in famiglia? **g.** Patrizia è una ragazza aperta e allegra.

Unit 3

Exercise 1
a. ritorno **b.** supplemento **c.** prenotato **d.** in ritardo **e.** convalida **f.** contanti

Exercise 2
a6; b2; c4; d3; e1; f5

Exercise 3
a. Eurocity **b.** Regionale **c.** Pendolino **d.** Interregionale **e.** Espresso

Exercise 4
a. sala d'attesa **b.** biglietteria **c.** arrivi **d.** partenze **e.** pronto soccorso **f.** deposito bagagli **g.** oggetti smarriti **h.** ai binari

Exercise 5
a. Ci vogliono ancora pochi minuti. **b.** Ci vuole un'ora, un'ora e mezzo. **c.** Ci vuole mezz'ora circa. **d.** Ci vogliono dieci minuti. **e.** Ci vuole un quarto d'ora.

Exercise 6
a. 22:20 **b.** 5 **c.** 12:00 **d.** 16:55 **e.** 17:00 **f.** 3:15 **g.** 1:45

Exercise 7

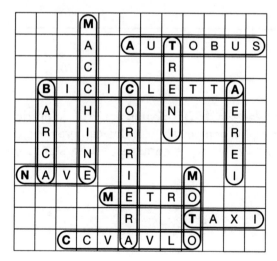

A cavallo

Exercise 8
You: È diretto il treno per Pisa? **You:** Quanti treni ci sono? **You:** A che ora parte il primo (treno) di pomeriggio? **You:** E a che ora arriva? **You:** La prossima è Firenze?

Exercise 9
a. Catania **b.** 6:35 **c.** 8:40 **d.** From June till October **e.** Every day **f.** One

Exercise 10
a. coincidenza **b.** biglietto **c.** notte **d.** classe **e.** informazioni **f.** sciopero

Exercise 11
a. sul **b.** al **c.** al **d.** nel **e.** alla **f.** sul **g.** nel
1c; 2a; 3g; 4b; 5f; 6e; 7d

Exercise 12
ORIZZONTALI: **3.** Vista **6.** Ascensore **8.** Ricevimento **9.** Piani **10.** Centralino
VERTICALI: **1.** Ristorante **2.** Manutenzione **4.** Telefono **5.** Doccia **7.** Pensioni **11.** Fon

Exercise 13
1f; 2a; 3b; 4g; 5d; 6c; 7e

Exercise 14
a. elegante **b.** grande **c.** piccola **d.** tranquilla **e.** rumorose **f.** comoda

Exercise 15
f; e; h; d; i; g; j; c; a; b; k

Exercise 16
a. V **b.** F **c.** F **d.** V **e.** F **f.** V

Exercise 17
a. Vorrei un biglietto di andata e ritorno per Venezia. **b.** Devo cambiare? **c.** È in orario il treno? **d.** A che ora è la coincidenza? **e.** Scusi, ma non ho capito. **f.** Una camera doppia per tre notti. **g.** Il telefono non funziona. **h.** La colazione è compresa? **i.** La stanza è rumorosa.

Unit 4

Exercise 1
a. spaghetti **b.** olio **c.** cipolla **d.** aglio **e.** pomodori pelati **f.** sale **g.** peperoncino **h.** pancetta **i.** pecorino grattugiato

Exercise 2

cipolla; pancetta; aglio; olio; pomodori pelati; sale; peperoncino; spaghetti; pecorino grattugiato
Spaghetti amatriciana

Exercise 3

a. Della bresaola. **b.** Del prezzemolo. **c.** Degli spaghetti. **d.** Del pollo. **e.** Dei cioccolatini. **f.** Dei pesci. **g.** Del pane. **h.** Delle pastiglie.

Exercise 4

Due etti e mezzo di bresaola. Due mazzetti di prezzemolo. Un pacco di spaghetti. Un chilo/Mezzo chilo di pollo. Una scatola di cioccolatini. Un chilo/Mezzo chilo di pesci. Un chilo/Mezzo chilo di pane. Una confezione di pastiglie.

Exercise 5

ORIZZONTALI: **6.** Prosciutto **7.** Pane **8.** Etto **9.** Sugo **10.** Sale **12.** Olive **14.** Manzo **15.** Pollo
VERTICALI: **1.** Formaggio **2.** Pesce **3.** Patate **4.** Fragole **5.** Piselli **9.** Salame **11.** Aglio **12.** Olio **13.** Vino

Exercise 6

a. corto **b.** stretto **c.** grande **d.** alla moda **e.** sportivo **f.** moderno **g.** caro

Exercise 7

a. vino **b.** trota **c.** cintura **d.** buoni **e.** aceto **f.** caro **g.** cravatta

Exercise 8

sta; vado; vieni; Facciamo; andiamo; so; fa; dici; dico

Exercise 9

a. specie **b.** scongelare **c.** casalinga **d.** mondanità **e.** ricette **f.** mortaio **g.** completi **h.** svariati **i.** si assaggia **j.** vassoi **k.** dediche

Exercise 10

a. N **b.** F **c.** V **d.** V **e.** N **f.** F **g.** V

Exercise 11

Cliente: f; h; l; b; c; g. Commessa: a; d; i; j; e; k

Exercise 12

a. Giacca di velluto viola scuro a bordi chiari, su pantaloni eleganti gialli a fantasia, con sotto camicetta in seta arancione. **b.** Completo di cotone pesante a quadri con cintura grossa in unica tinta verde scuro. **c.** Abito estivo leggero a fiori rosa chiaro con maniche corte a pallini. **d.** Vestito da uomo in scozzese di lana blu e rosso con camicia bianca e cravatta rossa a quadri. **e.** Cappotto beige da donna in morbida lana su gonna marrone lunga e sciarpa lunga fantasia. **f.** Spezzato uomo in puro lino con giacca grigia a righe e pantaloni in tinta unica.

Exercise 13
COLORI: viola scuro; gialli; verde scuro; rosa chiaro; blu; rosso; bianca; beige; marrone; grigia
STOFFA: velluto; seta; cotone; scozzese di lana; puro lino
FANTASIE: a fantasia; a quadri; in unica tinta; a fiori; a pallini; a righe

Exercise 14
a. Ne **b.** qualche **c.** chilo **d.** dozzina **e.** etti **f.** dei **g.** un po' **h.** Un litro

Exercise 15
a. le **b.** le **c.** Li **d.** lo **e.** ne **f.** La **g.** Li **h.** Ne
1f; 2d; 3h; 4c; 5g; 6b; 7a; 8e

Exercise 16
a. Un chilo d'uva, per favore. **b.** Vorrei del pesce fresco. **c.** Vorrei vedere la borsa di pelle verde. **d.** Ne voglio tre. **e.** Questi guanti sono veramente morbidi. **f.** Quel maglione è troppo piccolo. **g.** Posso provarli?

Unit 5

Exercise 1
a. Mangia. **b.** Ballano. **c.** Dorme. **d.** Gioca. **e.** Bevono. **f.** Pulisce. **g.** Guardano la TV. **h.** Leggono. **i.** Esce.

Exercise 2
a. Sta mangiando. **b.** Stanno ballando. **c.** Sta dormendo. **d.** Sta giocando. **e.** Stanno bevendo. **f.** Sta pulendo. **g.** Stanno guardando la TV. **h.** Stanno leggendo. **i.** Sta uscendo.

Exercise 3
d; g; a; i; e; c; h; b; f

Exercise 4
a. Che cosa **b.** Quando **c.** Dove **d.** Come **e.** Chi **f.** Perché

Exercise 5
a. vi **b.** mi **c.** ti **d.** si **e.** si **f.** mi

Exercise 6
a. Vado **b.** Viene **c.** Bevo **d.** Fate **e.** Finiscono **f.** Esci **g.** Lavoriamo

Exercise 7
a. A che ora comincia a lavorare la mattina? **b.** Quante ore al giorno lavora? **c.** Come va al lavoro? **d.** Come mai va al lavoro in macchina? **e.** Che cosa fa/insegna? **f.** Dove si trova la scuola dove lavora? **g.** Quando ha le ferie?

Exercise 8
a. di solito **b.** spesso **c.** qualche volta/raramente **d.** sempre/ogni giorno **e.** raramente **f.** ogni giorno/sempre **g.** ogni anno

Exercise 9
a. Ogni giorno abbiamo lezione all'università. **b.** Vado spesso a casa di Moira per ripassare. **c.** Qualche volta studio insieme ad un collega. **d.** Raramente durante la settimana ci alziamo tardi. **e.** Di solito passo l'estate a Forte dei Marmi. **f.** Generalmente questi sono esami difficili.

Exercise 10
1c; 2d; 3f; 4a; 5g; 6b; 7e

Exercise 11
a. mattina **b.** moda **c.** martedì **d.** oggi **e.** divertirsi

Exercise 12
Cara Asia,
Oxford è bellissima ma ho molte lezioni durante la settimana.
Il lunedì, martedì e venerdì comincio alle 8:30.
Il giovedì vado all'università solo il pomeriggio.

Il mercoledì non ho lezioni. Sono libero ma studio tutto il giorno.

Il sabato mattina vado in palestra a fare sport. La sera esco con Henry e John, due amici inglesi.

La domenica mi riposo – non faccio mai colazione. Mi alzo tardi, alle 12, e vado a mangiare in mensa. È molto economico.

Exercise 13

Lunedì	Martedì	Mercoledì	Giovedì	Venerdì	Sabato	Domenica
am Università	**am** Università	**am** Studia	**am**	**am** Università	**am** Palestra	A mezzogiorno si alza – mangia in mensa
pm Università	**pm** Università	**pm** Studia	**pm** Università	**pm** Università	**pm** Esce con Henry e John	

Exercise 14

a. Alle otto e mezzo. **b.** Il mercoledì e il giovedì mattina. **c.** Perché non ha lezione. **d.** Studia tutto il giorno. **e.** Esce con due amici inglesi. **f.** La domenica non fa colazione. **g.** Perché la mensa è molto economica.

Exercise 15

a. Sto facendo colazione. **b.** A che ora ti svegli? **c.** Di solito/generalmente prendo l'autobus. **d.** Enza non guarda mai la televisione dopo le dieci. **e.** Qualche volta i miei (genitori) si alzano tardi.

Unit 6

Exercise 1

a. cattivo **b.** gustoso **c.** amaro **d.** duro **e.** guasto/raffermo **f.** crudo **g.** magro **h.** leggero

Exercise 2

1d; 2e; 3a; 4f; 5b; 6c

Exercise 3
a. piatto del giorno **b.** pane integrale **c.** ben cotta **d.** contorni **e.** cozze **f.** tovagliolo **g.** costata di maiale **h.** macedonie

Exercise 4
a. Al ristorante. **b.** €6. **c.** A fine settimana. **d.** Gli italiani tra i 24 e i 45 anni. **e.** Gli italiani tra i 18 e i 23 anni. **f.** Il panino. **g.** Acqua e vino.

Exercise 5
pasti; veloci; differenza; fuori; abitudini; consumatori; d'età; categoria; incoraggiante; piatti

Exercise 6
a. Cameriere/Senta/Scusi. **b.** Un tavolo per tre. **c.** Quali vini ci sono? **d.** Non capisco. **e.** Come sono le Pennette Contadine? **f.** Mi dispiace ma è crudo. **g.** Un pesce spada alla griglia e un'insalata verde. **h.** La macedonia è fatta con frutta fresca?

Exercise 7
a. A Mauro piace trascorrere una vacanza al mare e una in montagna. **b.** A Vittorio pare che questa trattoria non sia più buona come una volta. **c.** Ci occorrono prodotti sani, aria fresca e una vita più tranquilla. **d.** Vi serve una mano d'aiuto? **e.** Quanti esami ti mancano per finire la laurea? **f.** Non ti sembra che questa musica sia un po' forte?

Exercise 8
1. fare aerobica **2.** ascoltare musica **3.** andare a cavallo **4.** fare alpinismo **5.** andare a pesca **6.** andare in piscina **7.** suonare il flauto **8.** andare scott'acqua **9.** fare deltaplano **10.** giocare a scacchi **11.** incontrare gli amici **12.** lavorare in giardino

Exercise 10
ORIZZONTALI: **2.** Passeggiate **6.** Discoteca **10.** Sci **12.** Carte **13.** Mare **14.** Vela **15.** Pianoforte
VERTICALI: **1.** Palestra **3.** Gite **4.** Tennis **5.** Radio **7.** Teatro **8.** Concerto **9.** Cinema **11.** TV **12.** Casa
Francobolli

Exercise 11
1. va in palestra **2.** fare (delle) passeggiate **3.** faccio **4.** giocare a tennis **5.** ascoltare la radio **6.** vanno in discoteca **7.** vado a teatro **8.** c'è un concerto pop **9.** andare al cinema **10.** sciare **11.** guardare la televisione **12.** giocano a carte **12.** è a casa **13.** vanno al mare **14.** fare la vela **15.** suonare il pianoforte

Exercise 12

a. A Daniele piace andare in piscina/nuotare?
b. A Angela e Clara piace giocare a tennis?
c. Signor Filippetti, le piace leggere i giornali?
d. Vi piace andare in discoteca?
e. A Arminia piace fare balletto?
f. Ti piace andare in palestra?

Exercise 13

a. Sì, gli piace. **b.** Sì, gli piace. **c.** Sì, mi piace. **d.** No, non ci piace. **e.** No, non le piace.
f. No, non mi piace.

Exercise 14

posso; devo; devono; devo; puoi; vuoi; puoi; possiamo; vuole; vuoi; vuoi

Exercise 15

a. Ti piace andare in discoteca? **b.** Non voglio uscire stasera. **c.** Nuotare mi fa bene. **d.** Ti serve aiuto? **e.** A me piace il tennis ma non a Sara. **f.** Volete stare a casa o uscire? **g.** Ti manca niente? **h.** Io e Anna non possiamo venire stasera.

Unit 7

Exercise 1

Exercise 2

a. a destra **b.** vicino **c.** davanti a **d.** dopo **e.** alla fine di **f.** la prima **g.** lontano **h.** di fronte

Exercise 3
a. facilmente **b.** allegramente **c.** celermente **d.** modestamente **e.** tristemente **f.** dolcemente **g.** cordialmente **h.** volgarmente

Exercise 4
1d; 2g; 3e; 4f; 5b; 6a; 7c

Exercise 5
di testa sua; di traverso; a casaccio; a puntino; di stucco; di corsa

Exercise 6
f; a; d; b; c; h; g; i; e

Exercise 7
rimanga; si sieda/non si preoccupi; telefoni; dica che la; ritorni/venga quando vuole

Exercise 8
aumento; domenica; veicoli; scorrevole; meno; barriera; gravi; statale; ferito; causa; maggiori; tamponamento; chilometri; direzione

Exercise 9
a. scontro, incidenti, tamponamento **b.** traffico, coda, fila **c.** barriera, meteo, altezza, prevalenza

Exercise 10
b. sono pochi **c.** code molto lunghe **e.** non sono causate

Exercise 11
Pisa

Exercise 12
a. mangia sano **b.** non andare veloce **c.** tieni basso **d.** fai piano **e.** studia sodo **f.** tieni duro **g.** fatti forte

Exercise 13
a. in spiaggia **b.** a sciare **c.** a Londra **d.** in discoteca **e.** in pizzeria **f.** a scuola **g.** in piscina

Unit 8

Exercise 1
a. sistemazione **b.** ostello **c.** comfort **d.** pattini **e.** aerobica **f.** escursioni

Exercise 2
a. uscito **b.** morto **c.** arrivato **d.** bevuto **e.** perso **f.** sentito **g.** svegliato **h.** risposto

Exercise 3
ESSERE: andato; venuto; entrato; uscito; nato; morto; partito; arrivato; addormentato; svegliato
AVERE: mangiato; bevuto; trovato; perso; visto; sentito; chiesto; risposto

Exercise 4
entrato; addormentato; risposto; chiesto; nato; trovato; mangiato; bevuto; andato; arrivato; partito; perso

Exercise 5
a. V **b.** N **c.** F **d.** V **e.** F **f.** V **g.** V

Exercise 6
a. alzarsi **b.** mangiare un panino **c.** andare in discoteca **d.** vedersi con amici **e.** litigare con la ragazza **f.** fare un esame **g.** andare al mare

Exercise 7
a. si è alzato **b.** hanno mangiato **c.** è andato in discoteca **d.** si è visto con amici **e.** ha litigato **f.** ha fatto un esame **g.** è andato al mare

Exercise 8
a. Sì, li ho messi. **b.** No, non le ho ancora chiuse. **c.** Sì, li ho presi. **d.** No, non l'ho vista. **e.** Sì, l'ho chiamato. **f.** Sì, l'ho preso. **g.** Sì, le ho comprate. **h.** No, non l'ho ancora trovata.

Exercise 9
A Marco è piaciuta moltissimo Londra. Non è uscito spesso con italiani per cercare di parlare inglese, ma si è divertito molto lo stesso. La sua giornata era piena di impegni. La mattina andava al corso e rimaneva lì a scuola fino all'una. Gli insegnanti erano giovani e simpatici. Dopo pranzo aveva delle opzioni. Poteva andare a fare delle escursioni o seguire dei seminari su vari argomenti. Generalmente lui preferiva andare in gita. Ha visto il palazzo reale, la torre, Greenwich e anche la ruota. Sabato è andato ad una festa. Forse c'era anche Miriam una ragazza simpatica che ha conosciuto in discoteca. Una domenica è andata a Londra con sua madre e lo ha portato a Parigi. Una gita fantastica. Londra . . . Parigi . . . Ha tante cose da raccontarci.

Exercise 10
Usavano di più la fantasia. Giocavano molto all'aperto. Non guardavano mai la televisione. Stavano di più insieme ad altri bambini. Rispettavano molto gli adulti e erano meno viziati.

Exercise 11

I	L	M	E	S	E	S	C	O	R	S	O		S	V
	A												T	E
U	N	A	S	E	T	T	I	M	A	N	A	F	A	N
	N				E								M	E
	O				I	E	R	I	S	E	R	A	A	R
P	R	I	M	A			I			A			T	D
A							L		F				T	I
S					A	L	L	O	R	A			I	S
S		I		P	L			C					N	E
A		R		O	T			O					A	R
T	R	E	G	I	O	R	N	I	P	R	I	M	A	
O		I			O									

Exercise 12

turista; panorami; paradiso; sacrifici; mondiali; a caccia di; sciistico; zona; umili; morali; si ricordano; pascolo; Papa; mostra

---

Exercise 13

a. Lo speck e i formaggi. **b.** Paradiso terrestre. **c.** Emigrava. **d.** Passare il confine o andare a caccia. **e.** Per il turismo sciistico. **f.** Portava gli animali al pascolo. **g.** 33 giorni. **h.** C'è una mostra sulla vita del Papa.

Exercise 14

a. Quanto tempo hai passato a Roma? **b.** Ti sono piaciuti i Musei Vaticani? **c.** Che cosa facevi a Roma ogni giorno? **d.** Mentre ero in vacanza ho avuto un incidente. **e.** Non mi è piaciuta molto Perugia. **f.** L'ho vista due settimane fa. **g.** Che cosa avete fatto ieri sera?

Unit 9

Exercise 1

a. rimanere **b.** prestazione **c.** fattoria **d.** scorso **e.** fra quanto **f.** permesso

---

Exercise 2

ORIZZONTALI: **1.** Mensa **2.** Valutazione **4.** Contributi **7.** Stage **9.** Dati

VERTICALI: **3.** Annuncio **5.** Collocamento **6.** Graduatoria **8.** Periodo **10.** Ditta **11.** Esperienza

Exercise 3
a. fa **b.** fra **c.** da **d.** fra **e.** Da **f.** fa **g.** da

Exercise 4
1j; 2a; 3e; 4h; 5i; 6b; 7f; 8c; 9d; 10g

Exercise 5
a. La settimana prossima Enrico si iscriverà in palestra. **b.** Domani Federica metterà in ordine la sua camera. **c.** Il mese prossimo il padre ridipingerà tutta la casa. **d.** Il fine settimana il più piccolo guarderà meno televisione. **e.** Dopodomani la madre comincerà a dimagrire. **f.** Tra tre mesi il nonno smetterà di fumare. **g.** L'anno venturo Enrico e Federica andranno a studiare all'estero. **h.** Nel futuro i genitori usciranno più spesso la sera.

Exercise 6
a. Abbiamo intenzione di restare un'altra settimana per visitare altri posti belli. **b.** Domani spero di prenotare il biglietto. **c.** Fra qualche giorno Marina e Aldo hanno intenzione di venirci a trovare. **d.** I cugini di Ernesto sperano di andare in Francia per due mesi. **e.** Ho intenzione di fare il mio stage con una compagnia di viaggi. **f.** Speriamo di venire con voi in discoteca. **g.** Abbiamo intenzione di risparmiare di più quest'anno per comprarci una macchina nuova.

Exercise 8
a. Quante ore dovremo lavorare? **b.** Per che cosa dovremo pagare? **c.** Quanto tempo rimarremo? **d.** Chi mi darà l'indirizzo della famiglia? **e.** Verrete a trovarci in Italia? **f.** Quando saprò se sono nella graduatoria finale?

Exercise 9
a. Le parlerò domani quando si sarà calmata un po'. **b.** A quale facoltà ti iscriverai quando avrai preso il diploma? **c.** Non potranno lavorare se non avranno ottenuto il permesso di lavoro. **d.** Che cosa farai quando avrai finito il corso? **e.** Smetterà di giocare solo quando avrà perduto tutti i soldi. **f.** Se non avrai studiato non potrai passare l'esame. **g.** Te lo riporterò appena l'avrò letto. **h.** Vi daranno un piccolo contributo spese se avrete dimostrato buona volontà.

Exercise 10
TITOLI DI STUDIO: laureato, perito, maturità classica, geometra, ragioniere
TIPO DI LAVORO: segretaria di direzione, istruttore, consulente di vendita, responsabile d'amministrazione

QUALITÀ/CARATTERISTICHE PERSONALI: entusiasmo, discrezione, capacità organizzativa, dinamismo, determinazione
INFORMAZIONI AGGIUNTIVE: disposto a viaggiare, autovettura propria, esperienza nell'uso dei pc, buona conoscenza di lingue europee

Exercise 12

a. Comincerò la prossima settimana il mio stage in Italia. **b.** Che farete quando finirete l'università? **c.** Quale sarà la prima cosa che mangerai appena in Italia? **d.** Sarò già uscito quando verrete a prendere Laura. **e.** Tra quanti giorni arriverà a Roma la mia lettera? **f.** Spero di stare fuori tutta l'estate. **g.** Sono laureato con autovettura propria disposto a viaggiare.

Unit 10

Exercise 1

a. scarica **b.** suono **c.** un po' **d.** rispondere **e.** libera **f.** insolito **g.** ricordare

Exercise 2

a. carta telefonica **b.** elenco telefonico **c.** numero verde **d.** prefisso **e.** interurbana **f.** pagine gialle **g.** interno **h.** segnale acustico **i.** ora di punta

Exercise 3

	R	B	O	L	L	E	T	T	A	
	L	I	N	E	A					T
O	A			F		C				T
I	N	T	E	R	F	E	R	E	N	Z	E
G	T			I		L				S
G	A			R		L		E	A	
A	C			A		U		T		
S	C	E	N	T	R	A	L	I	N	O
S	A					A		E		
E	R	L	I	B	E	R	A	T		
M	E		O	R	E	M	U	N		

Exercise 4

a. potremmo **b.** potresti **c.** potreste **d.** potrei **e.** potreste **f.** potrebbero

Exercise 5

a. Potrebbe prestarmi la penna? **b.** Potreste dirmi cosa hanno detto? **c.** Potresti dirmi come arrivare all'albergo Eden? **d.** Potrebbe prendermi uno dei saponi là in alto? **e.** Potrebbe dirmi a che ora è il prossimo pullman per Metaponto? **f.** Potrebbe mettermi Lei a posto il bagaglio a mano?

Exercise 6

a. Posso parlare con (Giorgio)? **b.** Pronto?! **c.** Quando rientra/ritorna? **d.** Chi parla? **e.** Non è il . . .? **f.** Mi dispiace, non è in casa. Prova/provi più tardi. **g.** Vuole lasciarle un messaggio?

Exercise 7

a. so **b.** conosci **c.** conosce **d.** sapete **e.** conoscete **f.** sai **g.** sappiamo **h.** conosciamo

Exercise 8

c; g; e; a; d; b; f

Exercise 9

a. Sai cucinare gli spaghetti carbonara? **b.** Sa suonare il violino? **c.** Sai giocare a scacchi? **d.** Sapete guidare la macchina? **e.** Potete aprire la finestra? **f.** Può venire al concerto? **g.** Può telefonare più tardi?

Exercise 10

mercato; millennio; utenti; attenzione; rapporto; fissa; successo; per cento; telefonino; rete; su sei; in tasca

Exercise 11

a. inizio **b.** linee fisse **c.** in questi giorni **d.** fare una fotografia **e.** in via di sviluppo **f.** dal titolo **g.** superando **h.** paragonabile **i.** basti pensare **j.** a dieci anni di distanza

Exercise 12

a. V **b.** F **c.** F **d.** V **e.** F **f.** V

Exercise 13

1f; 2e; 3g; 4c; 5a; 6b; 7d

Exercise 14

a. Scusi, sa dov'è il centro città? **b.** Non so niente. **c.** Posso parlare con Valeria? **d.** La linea è disturbata. **e.** C'è qualcuno che sa l'inglese? **f.** C'è nessuno a casa? **g.** Potrei fare una telefonata? **h.** Puoi passarmi un dépliant?

Unit 11

Exercise 1
a. rimangono **b.** resti **c.** vanno **d.** rimaniamo **e.** state **f.** restate

Exercise 2
a. ogni giorno **b.** tutta la mattina **c.** ogni febbraio **d.** tutto il giorno **e.** ogni martedì **f.** tutta l'estate

Exercise 3
a. Da quanto tempo vive a Oxford? **b.** Dove abitava prima? **c.** È di Londra? **d.** Come mai è venuta a Londra? **e.** E per quanto c'è rimasta? **f.** Va spesso a Nottingham? **g.** Quando c'è stata l'ultima volta?

Exercise 4

Exercise 5
a. prima di **b.** appena **c.** mentre **d.** ogni volta che **e.** Da quando **f.** Dopo che **g.** tutto il

Exercise 6
e; b; a; g; c; d; f

Exercise 7
a. Gentile Ingegnere,
Ho un problema con il nostro incontro di stamattina. Purtroppo dovrò cambiarlo perché ho dovuto prendere un impegno improvviso con l'Avvocato Ferri. Possiamo vederci questo pomeriggio, verso le 15?

b. Gentile Architetto,
Purtroppo questo pomeriggio dalle 15 alle 16 ho la solita riunione settimanale. È possibile prima di pranzo? Se per Lei va bene potremmo incontrarci verso le 12?

Exercise 8
1g; 2e; 3f; 4a; 5c; 6d; 7b

Exercise 9
a. 40 minuti. **b.** Collega i due terminal. **c.** Le fermate sono presso gli arrivi e la stazione ferroviaria. **d.** Alle tre e trenta. **e.** Tutti i giorni. **f.** Alle 6:30. **g.** Alle 23:55.

Exercise 10
a. riceve **b.** provo **c.** partire **d.** vanno **e.** sono tornato **f.** mangia

Unit 12

Exercise 1
1c; 2e; 3f; 4g; 5a; 6b; 7d
1. La nostra casa in collina è più vecchia di quella in città. **2.** Vedere il gatto è stata più una sorpresa che uno spavento. **3.** È piu facile parlare di emigrare che emigrare. **4.** Gli studi universitari sono più difficili di quelli scolastici. **5.** I nuovi vicini di casa sono più estroversi che curiosi. **6.** In Italia ci sono più immigrati adesso che trent'anni fa. **7.** Di soliti gli immigrati hanno più problemi degli italiani.

Exercise 2
a. migliore **b.** peggiore **c.** inferiore **d.** maggiore **e.** superiori

Exercise 3
a. posto **b.** istruzione **c.** città **d.** popolo **e.** dipendente **f.** scrivania

Exercise 4

a. Ma pensa . . . il fiume più lungo dell'America Latina! **b.** Ma pensa . . . il computer più piccolo del mondo! **c.** Ma pensa . . . la chiesa più grande d'Europa! **d.** Ma pensa . . . il quadro più caro del mondo! **e.** Ma pensa . . . la città più ricca dell'Asia! **f.** Ma pensa . . . il vino più forte del mondo! **g.** Ma pensa . . . il piatto più piccante del Messico!

Exercise 5

ORIZZONTALI: **1.** Impiegato **5.** Imprenditore **9.** Centri **10.** Per **11.** Ambulante **14.** Professionale
VERTICALI: **1.** Immigrato **2.** Vivere **3.** Vani **4.** Voto **6.** Ditta **7.** Pensione **8.** Capo **12.** Neo **13.** Meta

Exercise 6

buono, migliore, ottimo; cattivo, peggiore, pessimo; grande, maggiore, massimo; piccolo, minore, minimo; alto, superiore, supremo; basso, inferiore, infimo

Exercise 7

a. Qual è la migliore tra queste due marche? **b.** Com'è quel vino rosso? **c.** Che ne pensi di Sciascia? **d.** Com'è la macchina di Giulio? **e.** Dove si è registrata la temperatura più bassa, oggi? **f.** Chi è il maggiore dei fratelli di Marina?

Exercise 8

a. Sì, era interessantissimo. **b.** Sì, era divertentissimo. **c.** Sì, era altissimo. **d.** Sì, erano rilassantissimi. **e.** Sì, era bravissimo. **f.** Sì, erano noiosissime. **g.** Sì, era comodissimo.

Exercise 9

a. poveri **b.** sufficiente **c.** analfabeti **d.** facile **e.** pazienti **f.** clandestini **g.** preoccupante

Exercise 10

a. Austria e Svizzera **b.** Italia **c.** Marocco **d.** tunisina **e.** Toscana e Emilia Romagna **f.** Lazio

Exercise 11

100; Austria; Svizzera; 3,8%; 30 settembre 2000; 155 mila; 66 mila; cinese; Lazio; Trentino Alto Adige; Umbria

Unit 13

Exercise 1

	C	U	C	I	N	A			A		V		
	O								M		E		C
	R	I	S	C	A	L	D	A	M	E	N	T	O
	R		O			A			O		D		N
O	I		G			V		B		I		T
T	D		G		A	F	F	I	T	T	O	R
I	O		I		N		L		A		A
S	I	L	O	C	A	D		I			T
	O		R		E		V	A	N	I	T
			N		R		T			O
	S	O	F	F	I	T	T	O		
P	O	S	T	O	M	A	C	C	H	I	N	A

Exercise 2

a. Nel quattordicesimo secolo o nel trecento. **b.** Nel quindicesimo secolo o nel quattrocento. **c.** Nel sedicesimo secolo o nel cinquecento. **d.** Nel diciasettesimo secolo o nel seicento. **e.** Nel diciottesimo secolo o nel settecento. **f.** Nel diciannovesimo secolo o nell'ottocento. **g.** Nel ventesimo secolo o nel novecento.

Exercise 3

A. si vende, complesso **B.** bellissimo **A.** comfort, jacuzzi, serrande **B.** forni a microonde **A.** tostapane **B.** costava **A.** illustrativo, agenzie **A.** compro

Exercise 4

a. villetta **b.** ripostiglio **c.** inserzione **d.** forno **e.** salone **f.** finestra

Exercise 5

a. Dove si trova esattamente? **b.** Quante stanze ci sono/ha? **c.** Che altro offre/c'è? **d.** Per quanto tempo si può affittare? **e.** È ben servita la zona?/Che servizi/attrezzature ci sono? **f.** Quant'è l'affitto?

Exercise 6

1e; 2f; 3d; 4g; 5i; 6h; 7c; 8b; 9a

Exercise 7
a. in periferia **b.** nel centro storico **c.** in collina **d.** al mare **e.** in campagna **f.** in montagna

Exercise 8
1. Nella camera da letto sulla parete di fronte alla porta si apre un ampio balcone. A destra del balcone c'è un comò con specchio. Accanto al letto ci sono due comodini e di fronte al letto c'è un armadio enorme. **2.** Al centro della stanza accanto alla camera da letto c'è un piccolo divano per guardare la televisione che si trova a sinistra della finestra. Sotto la finestra c'è una scrivania e anche un computer.

Exercise 9
a. Si affitta per un anno appartamento di 120 mq, zona residenziale, ammobiliato, con cinque posti letto e posto auto. **b.** Villetta al mare in zona tranquilla, giardinetto con alberi di frutta e terrazza con vista sul golfo. **c.** Affittasi monolocale luminoso di circa 50 mq a due studenti max, vicino zona universitaria, modernamente arredato con balcone. **d.** Appartamento di 200 mq con doppi servizi e veranda coperta, climatizzatori e video-citofono, in pieno centro città €100.000. **e.** Villa signorile su due piani indipendenti, prossimità parco giochi, da ristrutturare, orto e ampio patio, zona Almeria, vendo. Prezzo trattabile.

Exercise 10
1f; 2d; 3g; 4b; 5a; 6c; 7e

Exercise 11
c; a; c; c; b; b

Exercise 12
1d; 2e; 3b; 4c; 5a

Exercise 13
a. Ad aprire porte, accendere luci, spostare pareti. **b.** Una casa che cambia con le nostre esigenze e umori. **c.** Continuerà ad essere presente anche se non si vedrà. **d.** Verso il 2005. **e.** La tecnologia, con gli stereo, i computer, i videogiochi, ecc.

Exercise 14
a. Il mio appartamento è del diciottesimo secolo. **b.** L'appartamento si trova/è situato in una zona residenziale? **c.** Cerco casa in campagna in un posto tranquillo. **d.** La villa ha garage o posto macchina? **e.** Ho visto un annuncio per una camera ammobiliata. **f.** Quant'è la caparra dell'affitto?

Unit 14

Exercise 1
a. chi **b.** dove **c.** come **d.** perché **e.** che cosa **f.** quando

Exercise 2
a. vincente **b.** interessante **c.** affascinati **d.** allarmato **e.** umiliante **f.** deprimente

Exercise 3
ORIZZONTALI: **1.** Presi **2.** Diede **5.** Visse **6.** Scrisse **8.** Morì
VERTICALI: **3.** Fece **4.** Persi **5.** Vinse **7.** Dissero **9.** Decisero **10.** Nacque

Exercise 4
a. fanno rotta **b.** sciamano **c.** quel che capita **d.** interpellati **e.** colonna sonora **f.** panto-folaio **g.** avvincente **h.** all'impiedi **i.** fuori porta **j.** meglio che niente

Exercise 5
dai più vecchi; tutto il giorno; del dove

Exercise 6
a. Evasione, campagna, sapori nuovi, vecchi amici, riguadagnare tempo. **b.** Che la domenica dividesse le famiglie così tanto. **c.** La domenica è un giorno speciale e si deve trascorrere in modo speciale. **d.** Passare il tempo con i parenti in visita. **e.** La colazione fatta in pigiama. **f.** Vedere gli amici. **g.** Perché le tre generazioni mangiano in posti diversi. **h.** La famiglia si separa e i suoi membri si allontanano l'uno dall'altro.

Exercise 7
a. presidente **b.** cantante **c.** amanti **d.** studente **e.** contante **f.** conoscente **g.** assistenti

Exercise 8
a. Mi domandava in continuazione se avevo deciso di smettere di lavorare. **b.** Avevano portato il cane al parco e l'avevano fatto stancare troppo. **c.** Non voleva dirmi dove aveva parcheggiato la macchina. **d.** Non potevano rivelarci chi avevano visto. **e.** Aveva un ragazzo adorabile a cui non aveva mai voluto bene. **f.** Gli avevo chiesto di spedirci le foto che aveva fatto in vacanza.

Exercise 9
Era; vide; era; avvertiva; Andò; dimenticò; si svegliò; trovò; era; Guardò; finiva; sembrava; era; aveva; cominciò; pensavo; disse; era; capiva; Si avvicinò; stava; apparve; salutava; sembrava; diceva

Exercise 11
1d. Capirà . . . quando crescerà. **2e.** Hanno detto che il tempo migliorerà. **3f.** Potresti comprare il giornale anche per me? **4g.** Questa volta non potranno dire di no. **5b.** Farò come vuoi se mi darai un po' di tempo. **6a.** Prenderete le vacanze all'inizio o alla fine dell'estate? **7c.** Apprezzerei l'opera se capissi le parole.

Exercise 12
1h. Uomo avvisato mezzo salvato. **2b.** L'appetito vien mangiando. **3a.** Partire è un po' come morire. **4c.** Fatta la legge, trovato l'inganno. **5d.** Chi vive sperando muore cantando. **6g.** Tra moglie e marito non mettere il dito. **7f.** Sbagliando si impara. **8e.** Fidarsi è bello, non fidarsi è meglio.

Unit 15

Exercise 1
a. ricerca **b.** laureato **c.** percentuale **d.** assistente **e.** superare **f.** corso **g.** frammentario

Exercise 2
a. grazie alla **b.** causato dai **c.** dipende dagli **d.** per via della **e.** a causa della **f.** si deve alla

Exercise 3
a. Dovendo **b.** Essendo **c.** Laureandosi **d.** trattandosi **e.** Avendo considerato **f.** Essendoci **g.** Essendo stati

Exercise 4
a. Una maggiore preparazione sui temi dell'immigrazione. **b.** Un numero complessivo di 1500 ore suddivise in vari moduli. **c.** Un po' meno di un terzo di tutto il corso. **d.** No, per una parte si possono usare le videoconferenze. **e.** Formazione professionale e sociologia del lavoro. **f.** Esistono delle borse di studio per immigrati per coprire il costo del corso.

Exercise 5
1c (dato che) 2a (considerato che) 3f (per il fatto che) 4e (dal momento che) 5b (poiché) 6d (visto che)

Exercise 6
ORIZZONTALI: **1.** Riforma **5.** Abilitazione **7.** Verifica **9.** Stage **10.** Docente **11.** Autonomia **12.** Erasmus
VERTICALI: **2.** Fuoricorso **3.** Biennale **4.** Matricola **5.** Assistente **6.** Materia **8.** Ateneo

Exercise 7
a. abilitazione, superato **b.** battono, docente **c.** riforma, spezzata **d.** esperienze, studenti **e.** laurea, fisso **f.** chiuso, 1999 **g.** matricole, precedente

Exercise 8
a. È difficile diventare un ingegnere abilitato (alla professione)? **b.** Nelle scienze è più alto il numero degli uomini o delle donne? **c.** Sarà diviso anche il corso di laurea in Medicina? **d.** Quale facoltà ha il più alto numero di studenti che partecipano al progetto ERASMUS? **e.** La laurea in Veterinaria è una laurea con un futuro? **f.** Alla facoltà di Architettura possono accedere tutti? **g.** Quale facoltà ha avuto un calo notevole di iscritti rispetto agli anni precedenti?

Exercise 9
a. ha provocato/prodotto **b.** ha provocato/prodotto/suscitato **c.** ha suscitato **d.** hanno provocato/prodotto/suscitato **e.** è prodotta **f.** sono suscitati/prodotti **g.** ha portato

Exercise 10
DOPO LA RIFORMA: Asilo Nido: da un mese a tre anni; Scuola materna: da tre anni a quattro; Ciclo elementare: Inizio: a cinque anni; Durata: sei anni; Ciclo secondario obbligatorio: Inizio: a 12 anni; Durata: tre anni; Fine: a 15 anni; Ciclo secondario facoltativo: Durata: tre anni

Exercise 11
a. Quale periodo sarà ricordato come importante nella scuola italiana? (gli anni '90) **b.** Perché? (per i moduli della scuola elementare, l'esame di maturità, e l'autonomia didattica) **c.** Quali sono le ragioni date per le modifiche? (adeguamento all'istruzione europea) **d.** Che cosa si intende per autonomia di gestione? (tutte le scuole avranno una certa autonomia finanziaria e didattica) **e.** In che cosa consiste la proposta di riforma? (a. tutti i bambini dovranno andare alla scuola materna, b. la scuola è divisa in due cicli di sei anni l'uno, c. i ragazzi potranno lasciare la scuola a 15 anni dopo i tre anni obbligatori, d. le scuole superiori durano solo tre anni) **f.** Quali sono le principali differenze tra il vecchio sistema e quello nuovo? (a. la scuola materna era opzionale b. l'obbligo della scuola era fino ai 14 anni, c. la scuola superiore durava cinque anni.)

Exercise 12
a. è grazie a te **b.** è a causa dello **c.** è per via della **d.** è causata dalla **e.** dipendono dal **f.** è per lo studio che si ha la **g.** sono causati da

Unit 16

Exercise 1

```
. C . . . S . . . . . . . N . .
C H I A C C H I E R A R E A . .
. I . . . H . . . E . . . V . P
P O S T A E L E T T R O N I C A
. C . . . D . . . E U . . G . L
. C . M . A . . . . B . . A . M
S I T O . . S C H E R M O N . A
. O . U . . . . . . I . . T . R
. L . S . . . . . . C . . E . E
. A . E T E L E M A T I C A . .
```

Exercise 2

a. I più anziani pensano che abbia cambiato i rapporti fra le persone. **b.** I giovani pensano che facciano parte della vita quotidiana. **c.** Le mamme pensano che siano essenziali per tenersi in contatto con i figli. **d.** Gli insegnanti pensano che siano utili ma vadano banditi dalle lezioni. **e.** Gli uomini d'affari pensano che siano meno costosi delle segretarie. **f.** Molti pensano che debbano essere vietati nei luoghi pubblici.

Exercise 3

a. Mi sembra che la figlia vada in Inghilterra il mese prossimo. **b.** Lo so che è nuvoloso ma non credo che oggi piova. **c.** Secondo Monica io passerei ore al computer. **d.** Ha detto che verrà solo se invitiamo anche Alessio. **e.** Pare che Luigi si laurei con 110 e lode. **f.** Chi credete che vinca la nuova Formula uno? **g.** Pensa che quest'anno io possa scegliere fra Roma e Firenze!

Exercise 4

1b; 2c; 3a; 4e; 5f; 6d

Exercise 5

1d; 2a; 3b; 4g; 5c; 6f; 7e

Exercise 6

a. boom **b.** far west **c.** web **d.** music store **e.** files **f.** on line

Exercise 7
a. V **b.** F **c.** F **d.** V **e.** V **f.** V

Exercise 8
a. Secondo Lei, ai bambini fa male stare troppo davanti al computer? **b.** Quando le sembra che i telefonini non siano utili? **c.** Che ne pensa dell'effetto dei telefonini sulla privacy? **d.** Le sembra che oggi si possa vivere senza Internet? **e.** Secondo Lei, c'è abbastanza controllo su quello che si pubblicizza con l'Internet? **f.** Le sembra che l'Internet, i telefonini, i computer siano delle invenzioni importanti? **g.** Secondo Lei dove andiamo e dove ci fermeremo?

Exercise 9
a. ti sbagli/non è vero **b.** Hai ragione/Condivido/Sono d'accordo **c.** Non ci credo **d.** Hai ragione/Sono d'accordo **e.** Sono d'accordo

Exercise 10
a. vengono/verranno, **b.** sia **c.** diventano, **d.** voglia, **e.** vale, **f.** possa, **g.** abbia

Exercise 11
a. posta in arrivo **b.** invia **c.** inoltra **d.** guida **e.**allegati **f.** nuovo messaggio **g.** copia testo **h.** salva **i.** elimina **j.** tagliatesto **k.** rispondi

Exercise 12
1. Posta in arrivo **2.** Rispondi **3.** Inoltra **4.** Elimina **5.** Nuovo messaggio **6.** Allegati **7.** Invia **8.** Salva

Exercise 13
b; e; g; a; d; f; c

Unit 17

Exercise 1
ORIZZONTALI: **1.** Opera **3.** Bella casa **4.** Alla moda **7.** Chiesa
VERTICALI: **2.** Gelosi **5.** Pasta **6.** Mamma **8.** Belle

Exercise 2
a. migliorino il loro modo di guidare. **b.** parlino a voce più bassa. **c.** riducano la quantità di pubblicità televisiva. **d.** aumentino le attrezzature turistiche del Sud. **e.** snelliscano il sistema burocratico. **f.** diminuiscano il numero dei disoccupati. **g.** promuovano di più la loro cultura all'estero.

Exercise 3
a. malcontento **b.** esibizione **c.** altro da sè **d.** esortativi **e.** disagio **f.** incazzatura **g.** dilagare **h.** pedaggio **i.** irraggiungibili **j.** bella figura **k.** infallibile

Exercise 4
a. V **b.** V **c.** F **d.** F **e.** F **f.** V

Exercise 5
sembrano; abbiano; vogliano; viene; manifestano; progredisca; rimane; è

Exercise 6
a. avessero molti figli. **b.** cantassero bene. **c.** fossero amichevoli. **d.** fossero dei latin-lover. **e.** amassero il mare. **f.** mangiassero in modo sano. **g.** parlassero a voce alta.

Exercise 7
a. abbiano molti figli. **b.** cantino bene. **c.** siano amichevoli. **d.** siano dei latin-lover. **e.** amino il mare. **f.** mangino in modo sano. **g.** parlino a voce alta.

Exercise 8
1b benché/per quanto/nonostante; 2d nonostante; 3c a condizione che; 4a purché; 5f a meno che; 6e benché/per quanto/nonostante

Exercise 9
a. Che cosa leggete di solito/più frequentemente? **b.** Vi interessate attivamente di politica?/Avete mai partecipato a manifestazioni? **c.** Fumate? **d.** Vi drogate?/Prendete la droga? **e.** Bevete alcol? **f.** Quando avete avuto il primo rapporto sessuale? **g.** Pensate di sposarvi?/Qual è l'età migliore per sposarsi? **h.** Andate in chiesa?/Siete (cattolici) praticanti? **i.** Dove/Con chi abitate? **j.** Avete un lavoro?/Che lavoro fate?

Exercise 10
a. L'amicizia è la cosa più importante per loro. **b.** Si nota un grande/enorme incremento. **c.** Osservati più attentamente per via della ricerca di mercato. **d.** Fatti positivi e negativi. **e.** Intendono seguire le tradizioni, ma. **f.** Hanno compilato/messo insieme questo elenco. **g.** Giovani intervistati.

Exercise 11
a. ilarità/felicità **b.** banale **c.** fatta **d.** trend/orientamento **e.** preoccupante **f.** individuale/singolo **g.** maggiorenne **h.** persino **i.** quasi **j.** rapidamente

Exercise 12
a. 10,3%. **b.** L'aumento di suicidi causati da disagi. **c.** Un settimanale che ha completato un rapporto sui giovani cattolici. **d.** All'amicizia. **e.** Più del 50%. **f.** Il consumo di alcolici/superalcolici.

Unit 18

Exercise 1
a. riduzione **b.** esaurito **c.** sottotitoli **d.** loggione **e.** prima fila **f.** opera/commedia/balletto/musical/operetta

Exercise 2
a. protagonista **b.** regista **c.** scene **d.** critico **e.** spettatore **f.** promettente **g.** esordio

Exercise 3
a. intereressante, commovente, deludente, divertente, entusiasmante, sorprendente, **b.** strepitoso, nervoso, noioso, meraviglioso, gioioso, avventuroso, **c.** speciale, banale, passionale, intellettuale, prevedibile, sensibile, piacevole, sgradevole, **d.** drammatico, comico, magnifico, storico, eroico, romantico, malinconico, fantastico

Exercise 4
a. Che nervi! Che rabbia! Che delusione! **b.** Che noia! **c.** Che disastro! **d.** Pazienza! Non importa! **e.** Splendido! Magnifico! **f.** Meno male! Grazie a Dio! **g.** Che delusione!

Exercise 5
a. pubblico **b.** interessante **c.** spettatore **d.** critico **e.** regista

Exercise 6
a. Sono contento che domani vada al cinema. **b.** Speriamo che possiamo vederlo domani. **c.** Mi auguro che fra qualche mese possa farlo. **d.** Temo che si guadagni poco facendo l'attore. **e.** Speriamo che domani vinca la Fiorentina. **f.** Ho paura che duri più di due ore.

Exercise 7
g; b; a; e; i; h; d; c; f
La vita è bella

Exercise 8
a. F **b.** V **c.** V **d.** F **e.** V **f.** F **g.** F

Exercise 10
a. Piccolo, *Esodo*. **b.** Commedia. **c.** Alle 20:30. **d.** Dalle 10:30 alle 18:30. **e.** Informazioni e prenotazioni. **f.** Presentare l'annuncio del giornale.

Exercise 11
nato; membro; celebre; crisi; epoca; successi; interpretato; fantascienza; esordiente; uscito
John Travolta

Exercise 12

1. Quando è nato J.T.? **2.** Perché ha chiamato il figlio Jet? **3.** Quando ha cominciato ad avere successo? **4.** Perché è entrato in crisi? **5.** Chi è riuscito a riportarlo al successo? **6.** E che cosa è successo da allora? **7.** Quale rimpianto aveva? **8.** È riuscito a interpretare il genere di film che voleva? **9.** Qual è il titolo del film del suo genere preferito? **10.** È arrivato questo film in Italia?

Exercise 13

a. credo **b.** augurano **c.** mi dispiace **d.** siamo contenti **e.** spero **f.** sono convinto **g.** dispiace

Exercise 14

a. Meno male che le scene erano belle perché la trama era proprio banale. **b.** Che delusione. Tutti erano convinti che sarebbe diventata una nuova Sofia Loren. **c.** Pazienza. Vuol dire che andrò a vedere lo spettacolo solo con Fabrizio. **d.** Che disastro. Era così commovente. Ho pianto tutto il tempo e mi si è completamente rovinato il trucco. **e.** Che noia. Oggi non volevo proprio uscire. **f.** Che nervi. Eravamo seduti dietro a un tipo che non è stato fermo un minuto. **g.** Stupendo. L'anno prossimo potrò accompagnare Silvana nella sua tournée.

Unit 19

Exercise 1

a. preparazione **b.** campagna **c.** design **d.** etichette **e.** forma **f.** gamma **g.** grafica

Exercise 2

Exercise 3

1900–1909 (b); 1910–1919 (h); 1920–1929 (d); 1930–1939 (c); 1940–1949 (e); 1950–1959 (g); 1960–1969 (a); 1970–1979 (f); 1980–1989 (j); 1990–2000 (i)

Exercise 4

A. cellophane, vetro, alluminio, plastica, carta
B. 1. ermetiche/sigillate 2. immutabili 3. sobri 4. biodegradabili
C. 1. C'è stata una rivoluzione anche nel campo delle confezioni. 2. Un momento d'espansione economica e commerciale. 3. L'aspetto esteriore del prodotto deve spingere il cliente a comprarlo.

Exercise 5

a. Per renderle più facili da distribuire ai soldati. **b.** Tra gli anni '20 e '29. **c.** Per la guerra mondiale nel periodo tra il '40 e il '49. **d.** Tra gli anni '50 e '59. **e.** I colori delle confezioni diventano più brillanti e compare l'idea del naturale. **f.** La confezione come sinonimo della marca.

Exercise 6

a. da cui, che **b.** in cui **c.** con cui **d.** di cui **e.** che, tra cui **f.** la cui **g.** a cui

Exercise 7

a. dalle quali, le quali **b.** nei quali **c.** con la quale **d.** dei quali **e.** le quali, tra le quali **f.** dei quali **g.** ai quali

Exercise 8

a. Tim – vivere senza confini. **b.** Lacoste – stile sulla pelle. **c.** Alfa Romeo – a far rumore è solo la notizia. **d.** Ferrovie – cresce il movimento, cresce il Paese. **e.** Nasce BluDiesel – cantano i motori. **f.** Infasil – amore per la protezione. **g.** Philips – miglioriamo il tuo mondo. **h.** Esercito – armati di professionalità. **i.** Jack – ogni pagina una soluzione.

Exercise 9

1g; 2a; 3i; 4c; 5b; 6e; 7f; 8d; 9h

Exercise 10

ve ne; se ne; Vi; vi; Vi ci; ci; ve lo; ce lo; glielo; ci

Exercise 11

carta di credito; non acquisto; controcorrente; volantinaggi; casuale; statunitense; campagna; messaggio; volontari; francese

Exercise 12
mouse = mouse; buy nothing day = giorno del non acquisto; no profit = senza fini di lucro; web = web; week-end = fine settimana; shopping day = giorno di spese; banner = striscione; mix = combinazione; mailing list = indirizzario

Exercise 13
1d; 2e; 3f; 4a; 5b; 6g; 7h; 8c

Unit 20

Exercise 1
ORIZZONTALI: **1.** Telecomando **2.** Canale **4.** Parabolica **5.** Spettatore **7.** Spot
VERTICALI: **3.** Repliche **6.** RAI Due **8.** Canone **9.** Trasmissione **10.** Montaggi **11.** Episodio

Exercise 2
a. realistico **b.** comico **c.** convenzionale **d.** imprevedibile **e.** poliziesco **f.** romantico **g.** significativo **h.** leggero/allegro

Exercise 3
a. arretrato **b.** quotidiano **c.** abbonamento **d.** inserzione **e.** supplemento **f.** inserto **g.** annunciatore

Exercise 4
a. romanzo a puntate **b.** documentario **c.** cartoni animati **d.** chat show **e.** commedia **f.** telefilm **g.** telenovela **h.** notiziario **i.** tribuna politica **j.** giallo

Exercise 5
a. prendere sempre più piede **b.** affibbiatogli **c.** campanellino d'allarme **d.** incutendo **e.** accentuato **f.** sessuologi **g.** slancio **h.** sacco di cose **i.** correre subito ai ripari **j.** immune **k.** si avvale **l.** intralciando

Exercise 6
c. L'effetto della televisione sulla vita erotica <u>dipende da quello che viene trasmesso</u>.
f. La fascia d'età più soggetta a questo effetto negativo della TV <u>è fra i 18 e i 40 anni</u>.

Exercise 7
a. Perché un'indagine mostra che sempre più italiani fanno sesso con la TV accesa. **b.** L'Istituto di Psicologia. **c.** I dirigenti delle TV che ritengono questo un nuovo modo per essere stimolati. **d.** Uccide l'immaginazione. **e.** Una coppia su quattro fa l'amore con

la televisione accesa. **f.** Questo fenomeno è più frequente perché si fa l'amore più di sera. **g.** Tutte, nessuna è immune.

Exercise 8

Nell'ottobre 2001 l'ISTAT ha pubblicato un'indagine sul tempo libero degli italiani. Secondo i dati rilasciati, La TV resta il passatempo preferito dagli italiani. Il 93,6% della popolazione guarda la TV con regolarità. Le donne e i giovani al di sotto dei 24 anni, circa l'80% ascoltano invece di più i programmi radiofonici.

Gli uomini invece leggono più quotidiani delle donne e Trentino, Friuli e Liguria possono ottenere la 'palma di assidui lettori'. Le cose cambiano se parliamo di libri. I lettori sono solo il 38,6% della popolazione con solo 12 persone su 100 a leggere 12 o più libri all'anno.

Tra le forme d'intrattenimento, il cinema ha il primo posto specie tra i giovani tra i 15 e 24 anni. Il 26% degli italiani, anch'essi fra i giovanissimi, frequenta le discoteche e le sale da ballo.

Nel 2000 la gente ha visitato di meno rispetto al '93 i luoghi di culto: le donne e i pensionati ne rappresentano le quote più elevate di pratica.

Exercise 9

a. Il caffè va sempre servito con un bicchiere d'acqua. **b.** La laurea di Enrico è stata festeggiata dalla sua famiglia con grande pompa. **c.** Nel pomeriggio la mostra sarà stata visitata da più di 1000 persone. **d.** Ieri il treno delle 16:30 per Grosseto è stato preso d'assalto dagli scioperanti. **e.** Avevamo fretta perché le lettere dovevano essere imbucate prima della raccolta della posta. **f.** Il film di stasera è stato già trasmesso per lo meno altre due volte.

Exercise 10

a. Ulivo **b.** girotondi **c.** Quercia **d.** Di Pietro **e.** Rutelli

Exercise 11

d'accordo; influenzata; trasmessa; obiettiva; dissenso; univoca; riscosso; accentramento; rete televisiva; nelle mani

Exercise 12

a. Secondo un'agenzia di stampa, il commercio fra Russia e Italia sarebbe in aumento. La capitale rossa amerebbe la moda italiana. **b.** Secondo indiscrezioni trapelate dal Palazzo reale, Charles si sposerebbe prima di Natale. Vorrebbe una cerimonia privata con pochi invitati. **c.** Il ponte sullo stretto di Messina sarebbe una realtà, dicono fonti governative. I lavori inizierebbero nel 2004. **d.** Secondo la stampa estera l'Italia non sarebbe molto nazionalistica. Per questo l'Inno di Mameli sarebbe rientrato nelle scuole. **e.** Secondo una recente indagine, staremmo correndo un grosso pericolo. Dappertutto nell'Ovest la compassione rimpiazzerebbe i diritti sociali. **f.** Recenti studi sulla famiglia italiana rivelerebbero uno scioccante cambiamento. Sarebbero i genitori a chiedere ai figli di andare via da casa.

Exercise 13

a3; b6; c5; d2; e1; f4

a. Sarà rimasto ingolfato nel traffico. **b.** Mah, più o meno saranno le dodici. **c.** Saranno nel parco./Saranno andati a giocare nel parco.**d.** Sarà stressata./Avrà lavorato troppo. **e.** È un bel giorno. Saranno andati a fare un picnic. **f.** Starà male./Avrà qualche problema di salute.

Unit 21

Exercise 1

a. ministro **b.** nomina **c.** referendum **d.** governo **e.** in vigore **f.** data

Exercise 2

b. La polizia dice di chiudere tutte le porte dietro di voi. **c.** La polizia dice di stare lontani dalle finestre. **d.** La polizia dice di non bloccare le uscite. **e.** La polizia dice di indossare i respiratori. **f.** La polizia dice di formare una fila ordinata. **g.** La polizia dice di non correre per le scale.

Exercise 3

ORIZZONTALI: **2.** Parlamento **4.** Sottosegretario **8.** Fiducia **9.** Deputati **10.** Senato
VERTICALI: **1.** Consiglio **2.** Presidente **3.** Voti **5.** Sera **6.** Partito **7.** Ministri

Exercise 4

1. Presidente **2.** sette **3.** eletto **4.** Consiglio **5.** Presidente della Repubblica **6.** Sottosegretari **7.** Ministeri **8.** Camera **9.** Senato **10.** Deputati **11.** Senatori **12.** legislativa

Exercise 5

f; d; h; c; e; g; b; a

Exercise 6

Un giorno un bambino ha chiesto alla madre com'era nato. La madre ha risposto che un caldo giorno di primavera era venuta una bellissima cicogna con un cesto. Aveva lasciato il cesto davanti alla porta di casa e dentro c'era lui. Il bambino ha chiesto quindi com'era nata lei.

La madre ha risposto che sua madre le aveva raccontato che un giorno mentre camminava vicino a un campo di cavoli, aveva sentito qualcuno piangere; si era avvicinata e aveva trovato lei sotto un cavolo.

Il bambino ha chiesto quindi com'era nata la nonna. La madre ha risposto che il bisnonno era tornato un giorno dal mercato e aveva detto alla bisnonna che le aveva comprato un regalo, e le aveva dato la nonna.

Il ragazzo ha commentato che nella loro famiglia non c'era stata una nascita normale per tre generazioni.

Exercise 7
b; d; e; f

Exercise 8
avrebbero inondato; avrebbero venduto; avrebbero esitato; avrebbero regalato; canterebbe la gloria; renderebbe un reato; resisterebbero; avrebbe detto

Exercise 9
a. costituzione **b.** collettivo **c.** inondato **d.** scatolame **e.** sussiegosi **f.** sponsorizzate **g.** stendardo **h.** committente **i.** emendamento **j.** profanare **k.** dissenso

Exercise 10
a. poco dopo **b.** quel pomeriggio **c.** del mese prima **d.** il giorno precedente **e.** il giorno dopo **f.** la settimana successiva

Exercise 11
a. Quando annuncerà la vendita di Mediaset? **b.** Chi deciderà sul futuro di Mediaset? **c.** Quando sarà presa la decisione? **d.** Quando si incontrerà con R.M. per risolvere il conflitto d'interessi? **e.** Pensa che supererete la sinistra? **f.** Avete un programma? Perché la sinistra non l'ha visto? **g.** Come mai l'Onorevole Bossi non vuole cantare l'inno nazionale e nemmeno i calciatori?

Exercise 12
a. L'On. Berlusconi ha detto che avrebbe annunciato la vendita di Mediaset entro il 13 maggio. **b.** L'On. Berlusconi ha dichiarato che sarebbero stati i figli a decidere e che lui aveva deciso di dedicare l'ultima parte della sua vita al servizio del paese. **c.** L'On. Berlusconi ha affermato che quando la decisione sarebbe stata presa l'avrebbe resa nota. **d.** L'On. Berlusconi ha annunciato che quella sera si sarebbe incontrato con Rupert Murdoch e che come aveva già detto avrebbe risolto il problema del conflitto d'interessi. **e.** L'On. Berlusconi ha affermato che avrebbero vinto sicuramente le elezioni. Il margine che li separava dalla sinistra restava rilevante anche al Senato. **f.** L'On. Berlusconi ha affermato che avevano il programma. L'avevano scritto ma non dato alla sinistra. Glielo avrebbero saccheggiato. **g.** L'On. Berlusconi ha dichiarato che se Bossi non avesse voluto cantare l'inno nazionale non aveva importanza. Ha detto anche che solo un italiano su dieci, secondo le statistiche, conosceva le parole dell'inno e che i calciatori italiani non cantavano l'inno e che Bossi era anche stonato.

Exercise 13
a. Perché vorrebbe andare ancora più indietro nel tempo. **b.** Il posto dove il Prof. Macchetto ha risieduto per molti anni. **c.** Dirige l'Istituto di Baltimora che gestisce il telescopio Hubble. **d.** Un'immensa lente che gira attorno alla terra ottenendo materiale sulla nascita dell'Universo. **e.** L'Hubble non può fotografare pianeti in altri sistemi solari. **f.** Ottenere fotografie chiare. **g.** Perché lui pensa che i pianeti siano stati formati da materia rimasta dopo la formazione delle stelle.

Exercise 14

Ha scattato un'istantanea all'Universo bambino, ma pare che non sia ancora contento. Sembra che voglia andare a vedere cosa c'è prima, fotografare le origini, magari l'Origine. Francesco Duccio Macchetto è nato a Biella ma la sua patria di adozione sono gli Stati Uniti dove è direttore dell'istituto in Baltimora che gestisce il telescopio Hubble, una lente di due metri di diametro che orbita da 10 anni attorno alla Terra producendo straordinario materiale sulla nascita e l'espansione dell'Universo.

Dicono che il professor Macchetto un paio di anni fa abbia ottenuto una fotografia delle galassie più lontane che distano da noi 13–14 miliardi di anni luce. Noi datiamo il Big Bang a circa 15 miliardi di anni fa. Questo significherebbe che il professore avrebbe fotografato quelle galassie quando l'universo era nato da circa un miliardo di anni: nella loro prima infanzia.

Secondo fonti fra una decina d'anni il telescopio Hubble avrà un erede sedici volte più potente. Si chiama Next Generation Space Telescope. Con quello si potrà veramente puntare al Big Bang o forse a prima ancora?! L'Hubble non può cogliere immagini ottiche di pianeti in altri sistemi solari ma anche se con Next Generation potremmo riuscirci, sembra che siamo ancora molto lontani dall'avere fotografie nitide di altri pianeti. Per ottenere immagini come quella della Terra vista dalla Luna si dovrebbero scattare con un telescopio di una trentina di metri di diametro!

Nel frattempo il professor Macchetto continua a sognare: 'che da qualche parte ci sia un mucchietto di rifiuti stellari come noi'. Non saremmo altro che questo per il professore dato che secondo lui i pianeti si sono formati con la materia rimasta dopo la formazione delle stelle.

Unit 22

Exercise 1

1c (avrei dovuto); 2h (avresti potuto); 3g (avreste potuto); 4f (avremmo dovuto); 5i (avrebbero potuto); 6e (avrebbe dovuto); 7a (avresti dovuto); 8d (avrebbe potuto); 9b (avrebbe dovuto)

Exercise 3

a. Se non avessi avuto un esame lunedì, sarei andato via per il fine settimana. **b.** Se non avesse cominciato a lavorare presto, si sarebbe laureato. **c.** Se avesse curato di più i suoi denti, non sarebbero dovuto andare d'urgenza dal dentista. **d.** Se non avessi speso molto per comprare la macchina nuova, avrei fatto un viaggio. **e.** Se non ci fosse stato l'incidente, sarebbero arrivati in orario. **f.** Se non fossimo stati informati male, avremmo potuto comprare delle azioni. **g.** Se non fosse stato per la valanga, la gita sciistica non sarebbe stata cancellata.

Exercise 4

a. Se mangiasse di meno/più moderatamente **b.** Se non lavorassi tanto **c.** Se non metti via la macchina **d.** Se andaste a vivere in Italia **e.** Se non metterà un cappello **f.** Se fosse venuto anche lui **g.** Se guidassi meglio/con più attenzione **h.** Se non ci affrettiamo/usciamo subito

Exercise 5

dalla sedia; premere; qualsiasi; farsa; in grado; questa; uscendo; investito; nei loro negozi; realmente; camminare; voglia; guadagnandone; fra gli scaffali; su due piedi; attratto

Exercise 6

a; d; f; g

Exercise 7

a. Ci è stato consigliato di comprarla blu. **b.** Enzo ha suggerito che andassimo al mare. **c.** Mio marito mi ha raccomandato di fare attenzione. **d.** Mio zio ha suggerito che facessi la laurea breve. **e.** Il salumiere mi ha consigliato di prendere due mozzarelle. **f.** L'operatore turistico ha raccomandato che non lasciassimo le finestre aperte.

Exercise 8

c; f

Exercise 9

1c; 2a; 3c; 4b

Exercise 10

a. combinazione nuova e controcorrente **b.** suscitare commenti polemici **c.** importanti come **d.** da molto scarso a ottimo **e.** luogo dove il compiacimento di se stessi è più importante del contenuto degli interventi

Exercise 11

a. Dovresti comprare una di queste lampadine a pile che si attacca al libro e così fa luce solo a te. **b.** Se non vuoi proprio dirglielo, potresti rimanere in cabina magari fingendo di stare un po' male. **c.** Perché non prepari una bella torta il giorno prima e se ti chiedono sorridi dicendo che una torta di compleanno fatta in casa è più sana di una comprata in pasticceria. **d.** Ci vorrebbe una registrazione di gatti selvaggi o che litigano selvaggiamente da fargli sentire di tanto in tanto. **e.** Bisognerebbe che scegliessi sempre lo stesso posto per posarli quando ritorni a casa, così li potrai trovare quando ti occorrono. **f.** Perché non apri un conto risparmio, così potrai trasferire dei soldi ogni mese nella banca. **g.** Dovresti rispondergli sempre cortesemente e con un gran sorriso che sarà la prima cosa che farai appena arrivi in ufficio l'indomani mattina.

Index

Lightning Source UK Ltd.
Milton Keynes UK
UKOW02f1905020414

229311UK00008B/242/P